I0699340

MARCOS CARÍAS REYES
LOS CUENTOS COMPLETOS DEL SOBRINO DEL DICTADOR

LOS CUENTOS COMPLETOS DEL SOBRINOO DEL DICTADOR
MARCOS CARÍAS REYES

©Colección Erandique
Supervisión Editorial: Óscar Flores López
Diseño de portada: Andrea Rodríguez—Lilyana Gálvez
Administración: Tesla Rodas
Director Ejecutivo: José Azcona Bocock
Primera Edición
Tegucigalpa, Honduras—Enero de 2025

ÍNDICE

LA TRAGEDIA DE MARCOS CARÍAS REYES 3

PRÓLOGO 7

AMOR SACRÍLEGO 11

EL ÓPALO TRISTE 19

LA REINA MALVA 23

EL CARNAVAL DE LOS LOCOS 29

LA ZÍNGARA 37

LA DÁDIVA 43

LA MISA DE MEDIANOCHE 47

FANTASMAS 51

EL CÉLEBRE CASO DEL ABOGADO VICENTE FERRERA 59

LA GLORIA 67

DEL DOLOR Y EL PECADO 71

LA MUÑECA DE TANAGRA 77

LA MUERTE DEL BUDA 81

EL AMOR DE LOS AMORES 85

LUNA ROJA 93

LA WALKYRIA 99

EL LAGO DONDE LAS HADAS CANTAN 109

EL GRUMETE 121

LA TEMPESTAD 127

LA LLAMA 139

LA FAMILIA DE JACINTA 149

DESTINO 153

VIDAS ROTAS 159

CARIDAD 165

AL AZAR 169

JUAN NADIE 175

EL CORVO 177

MOMENTO SUPREMO 185

EL CORONEL 187

LA BANDERA 193

FESTÍN 197

UN CRIMEN 199

AVENTURA 203

DESILUSIÓN 209

UN TONTO 213

EL ENTIERRO 219

JETTATURA 225

EL PRIMER AMOR 229

MARCOS CARÍAS REYES

LOS CUENTOS COMPLETOS DEL SOBRINO DEL DICTADOR

ERANDIQUE

COLECCIÓN

LOS CUENTOS COMPLETOS DEL SOBRINOO DEL DICTADOR
MARCOS CARÍAS REYES

©Colección Erandique
Supervisión Editorial: Óscar Flores López
Diseño de portada: Andrea Rodríguez—Lilyana Gálvez
Administración: Tesla Rodas
Director Ejecutivo: José Azcona Bocock
Primera Edición
Tegucigalpa, Honduras—Enero de 2025

Fausto y al exministro de Hacienda Urbano Quesada. Comenzó a regarse el chisme entre las plazas y mercados hasta que llegó deformado como noticia a la prensa nacional", relata el escritor Óscar Estrada.

El artículo de Estrada fue publicado en El Pulso Digital bajo el título Los últimos días de vida del escritor Marcos Carías Reyes y la desaparición de la niña Norma Zablah.

Esto relataría un testigo a Diario La Época:

"Ese trágico día, 24 de octubre de 1949, iba yo por la esquina de la Frutería El Rábano, cerca de la Farmacia Arles, como a la una de la tarde, acompañado del señor William Shoemaker —quien se desempeñaba como agente de Scotland Yard de Londres en Tegucigalpa—, cuando escuchamos la fuerte detonación de un disparo de pistola automática. Cundió la alarma entre los vecinos del sector y la casa que estaba situada frente al Cine Pálace. Todos nos dirigimos a investigar lo sucedido. Desgraciadamente, el hecho quedó comprobado. El señor Marcos Carías Reyes se había suicidado".

Durante dos años, el talentoso escritor soportó el despiadado ataque del chisme capitalino… hasta que su alma no pudo más.

Su hijo Marcos Carías Zapata escribió:

"Quizás una primera huida para liberarse de aquellos barrotes grabados en su espíritu fue su viaje, de un mes, por países de Sudamérica, cuando era Ministro de Educación, en el gobierno de Gálvez. Se le criticó como ′ministro viajero′; pero tal apreciación era poca cosa comparada con la calumnia que le había sublevado el alma. Y eso que tal vez lo hicieron por jugar a la política, por atacar a un presunto adversario, pero ¿qué calificativo podrían merecer (sus nombres que se los trague la tierra) aquellos que llevaron a una radioemisora salvadoreña toda la trama, en capítulos infamemente novelados (¿y cuál peor apelativo para los que compusieron la monstruosidad?) en la que se responsabilizaba a Carías Reyes del rapto y desaparición de una niña palestina?".

Pero también miopía en la gente política de su entorno, mucho más curtidos que él, que ante lo absurdo de la acusación le aconsejaban, simplemente, que no les hiciera caso a semejantes infundios —agregó—. La puñalada gratuita ya le había calado la entraña. La especie hasta prendió en la imaginación popular, donde quedó ambigua y agazapada. Al final, toda la ciudad, el país y su literatura se tragaron la vergüenza por la calumnia y la vergüenza colectiva reaccionó con el silencio.

"La memoria, de quien alguna vez fuera el escritor más prometedor de la generación de la dictadura, la perdió Honduras con el chisme" —dice Óscar Estrada.

No estoy de acuerdo. Se perdió prematuramente su vida, pero su memoria ha perdurado, gracias a la calidad de su obra literaria. Sus cuentos son una prueba.

Como escritor, Marcos Carías Reyes fue uno de los más respetados y admirados de su generación. Como fiel representante de la corriente literaria del criollismo, o costumbrismo, sus relatos están marcados por la tragedia y la fatalidad.

A pesar de ser sobrino de Carías Andino, en muchos de sus cuentos hay crítica social y política, así como denuncias a las injusticias políticas.

"Detesto las cárceles del espíritu. Me gusta ser libre ante el prejuicio, el valor convencional y la verdad consagrada", escribió Marcos Carías Reyes.

Y la búsqueda de esa libertad lo empujar a tomar, seguramente, la fatal decisión que dejaría a Honduras sin una de sus plumas más brillantes.

Óscar Flores López
Editor Colección Erandique

PRÓLOGO

MARCO CARÍAS REYES

El Arte ha sido para mí una pasión obsesionante. Y, aunque las luchas sociales y las urgencias de la vida material me han obligado a relegarlo a un segundo plano, ha sido siempre la íntima delectación de mi espíritu.

Entre las arideces de la política y los cactus sangrantes del periodismo, he consagrado devotamente un rincón de ensueño para el culto de la eternal Belleza.

He estado alerta frente a la evolución y las modalidades de la obra artística, captando maravillas nuevas y, a veces, descubriendo y estimulando talentos que se inician en la semiobscuridad de una primicia.

Y, cuando una figura de artista se destaca en relieve, brillante y fuerte, siento en mi corazón una alegría inusitada, un deseo irrefrenable de aplaudir y de estallar en homenajes.

Y si el artista surge en un medio de incomprensión, saturado de egoísmos rudos y de oscuras envidias, en el cual las juventudes se sienten aplastadas bajo la sonrisa desdeñosa o hiriente de unas cuantas celebridades vacías, se suscita en mi corazón una fiesta de fulgores, en la que arden los inciensos y las mirras en pebeteros dionisíacos, entre la fiebre ritual de las vacantes, y una locura divina ensaya danzas menfíticas, mostrando en ondulaciones de arrebato la púdica desnudez de sus líneas y el donaire de sus ritmos, para celebrar el advenimiento del Enviado del Cielo que, victorioso en la batalla contra aquellos gigantes del medio, viene a ofrecer a la Humanidad un nuevo mensaje de luz y de amor.

Así la fiesta que ha suscitado en mi espíritu el aparecimiento de Marcos Carías Reyes bajo el platón azul del Arte.

Desde que comencé a leer en revistas y periódicos los cuentos y las crónicas de este brillante joven, comprendí que una promesa cierta había iluminado el horizonte de Honduras.

Y cuando esta promesa —irisada— cristalizó en "LA HEREDAD" con una fastuosa cintilación de facetas, vi delinearse la figura del artista en la plenitud anunciadora de una gesta triunfal.

Ahora he tenido la conciencia clara y precisa de que Honduras ha producido un gran artista, al leer, coleccionados, algunos cuentos de Carías Reyes, en los cuales la fantasía se ha desatado en pétalos vibrantes y sutiles, trozos de vida y de prodigio, bajo el embrujamiento del misterio hecho ritmos y evocaciones, bronces eginetas, mármoles áticos, vibrantes y agitados a veces en un conflicto dramático o en una conmoción de tragedia.

Yo le he descubierto en la malla lírica de sus visiones, en la rara creación de sus símbolos, en la euritmia de sus frases aterciopeladas o nerviosas, en la plasticidad parnasiana de sus imágenes, en la profusión radiosa de sus gemas, en la firmeza de sus pinceladas ricas de colorido, en el don celeste de convertir la palabra en paisajes, en movimientos, en vibraciones, en espejismos, en emociones rítmicas, con una discreción sabia en donaires y elegancias.

Y, sobre todo, lo he descubierto en el noble continente de su persona, toda ella iluminada de modestia, y en la cual jamás han dejado sus huellas las pasiones malsanas. Un alma pura de artista cuya visión lejana pasa, sin alcanzarlos, sobre los egoísmos y los odios, sobre toda la fauna venenosa que se debate en los oscuros fondos del báratro.

El lector curioso puede descubrir, leyendo a Carías Reyes, una brillante teoría de figuras superbas: ora un vaso de Klitias, ora una tanagra, Tánatos, ora una Atenea Lemnia, ora un friso corintio, ora un pórtico romano; pinturas, esculturas y arquitecturas, todas palpitantes de vida, como si la mano de Praxiteles, de Fidias o de Vinci los hubiera encendido de divinidad.

Sin intención, sin empeño, sin pretensiones, el artista revela en sus cuentos un dominio absoluto de la Belleza, al través de la mitología y de la historia, mostrándose erudito a lo Pierre Louÿs para la creación precisa, científica diríase, de sus personajes y de sus íconos.

Su estilo es amplio y vigoroso, manifestándose con la naturalidad de una corriente que discurre sin tropiezos, en una prosa sonora y cristalina que nos hace evocar a veces a Enrique Rodó y a Juan Ramón Molina.

He encontrado en los cuentos de Carías Reyes la concepción verleniana del Arte: ritmos e imágenes, es decir, la música en sus múltiples vibraciones y la pintura en sus inagotables matices y clarobscuros.

Pero algo más: la concepción de Pierre Louÿs, para quien el Arte es la expresión de la vida.

Y la sentencia de Barbey d'Aurevilly: lo único verdadero son las quimeras que soñamos.

Crear fantasmas alucinantes, brujerías de colores, de armonías, de claridades y de sombras, dentro de un cuadro humano, idealizando las cosas de la Naturaleza, he ahí el Arte, la verdad suprema de lo bello, que no es el pasto de la razón, que dijera Baudelaire, sino la ambrosía pura de que se alimentan los dioses.

Carías Reyes, en El Ópalo Triste, nos cuenta que "el ópalo estaba tísico por la nostalgia de un lindo dedo pálido, por aquella mano breve donde tanto tiempo vivio cautivo, por aquellas pupilas de aguamarina y aquella boca que tantas veces le dejó el calor de un beso apasionado y primaveral; había vivido derramando su fulgor malva y rojo, con encanto crepuscular, sobre los cinco pétalos arborescentes de aquella mano incomparablemente grácil que resucitaba el prestigio extinto bajo el hacha niveladora de los septembristas victimarios de la princesa Lamballe; a ratos era el ópalo una disolución de violetas prisioneras en un rayo de sol convertido en maravilloso estuche, y en el fondo había un brillo incandescente, fúlgido, ora semejaba un estanque microscópico e inmóvil de extrañas coloraciones, desde el oro amarillo hasta el rojo violento de los atardeceres, diríase que la gema vivía, que estaba animada por un espíritu, que palpitaba en ella la conciencia de sus fulgores y se creyera orgullosa por tal motivo y por sentir la caricia oscura de mil ojos sobre su fría consistencia. Puck, señor y mago de las entrañas vírgenes, le había insuflado algo de su ser taumaturgico y eterno."

Y en La Reina Malva:

"En las leyendas áureas donde hay demencia de mármoles y pórfidos."

Y en El Grumete:

"Un tropel alucinante de ciudades y de puertos."

Y en La Tempestad:

"Ver llegar la noche con una lluvia de diamantes en la cuenca imponderable."

"El trueno rodaba locamente semejante a un desgarramiento de las montañas."

Basta de citas. Los lectores de este libro sabrán hallar en él —en profusión— los cuadros mágicos evocados en los fragmentos preinsertos, y podrán contemplar la Belleza, plena de espiritualidad, mostrando su desnudez helénica, bajo la égida de la virginal Atenea y de la radiante Parsifae.

JULIÁN LÓPEZ PINEDA

París, 14 de julio de 1936.

AMOR SACRÍLEGO

No en las páginas nerviosas de Giovanni Papini, ni en los atormentados sueños de San Agustín, ni en la visión angélica de Santa Teresa de Jesús, he encontrado el rostro maravilloso que colmó de inquietud mi corazón. No ha surgido la bella frente empurpurada bajo la corona de espinas, las suaves pupilas circundadas de violáceas ojeras, ni el gesto que hace enmudecer la rebeldía; no han surgido en medio de las bóvedas suntuosas donde el incienso arde y tiemblan los cirios votivos. Ante un Cristo de Limpias tallado en madera perfumada por un artista desconocido; ante un Cristo que era todo belleza y silencio y angustia, surgió de pronto la visión del martirio, la visión del sacrificio, la sublime locura de un gesto humano.

Esa figura tallada en el humilde madero da con su patética desnudez, la imagen viva, doliente, carnal del Hombre. Yo he tratado de anegarme en la doctrina cristiana recorriendo las páginas de los apologistas del Redentor. He tratado de amar hondamente al Maestro escuchando a sus sacerdotes. He deseado sumergirme en las cisternas de su bondad cuando la polifónica armonía del órgano llena el templo majestuoso. Y ni Papini, ni la ingenua teoría de los catecismos, ni el verbo de los pontífices, ni la mitra áurea, ni la custodia resplandeciente, ni el vino generoso, ni la hostia suave, ni la púrpura cardenalicia, ni la voz sonora de los bronces, han producido en mi ser la impresión lancinante y convincente que causó ese pobre Cristo pálido y ensangrentado, de las ojeras violáceas, huellas del martirio y del ensueño. Cristos de los frescos suntuosos, aristocráticos redentores vestidos de telas y joyas valiosas, Exe—hómos rodeados de cortinajes y de blondas, yo quisiera vivir ante vosotros el minuto de emoción que viví ante el fragmento de madero a quien diera contornos elocuentes la mano de un artista quizás bohemio y proletario. Voltaire, Nietzsche, France, Artzybachev, enmudecieron ante esa imagen del Hombre, luminosa de amor, de dolor, de martirio.

Y fue en esa tarde, contemplando el rostro hialino del Cristo de Limpias, que recordé aquella maravillosa como rara historia oída no sé cuándo, ni dónde, ni de labios de quién... tal vez de una virgen histérica, tal vez de un fraile austero en la lobreguez de una celda, tal vez escuchada en una noche de orgía al amigo iconoclasta.

I

El monje Efraín amaba a María de Magdala, que bautizaron las gentes con el suave nombre de Rosa de Betania. El monje Efraín era el más joven del claustro; vástago de noble linaje, heredero de cuantiosa fortuna, cuando era casi un niño sintió la atracción del sombrío monasterio y germinó en su alma un recóndito amor hacia los crucifijos que penden en las desnudas paredes de las celdas y los infolios de teología perfumados con un aroma de nostalgia, un aroma de tiempos viejos. Ingresó al claustro y pronto fue, gracias a su pía devoción y a su suavidad, uno de los predilectos.

El monje Efraín dejaba transcurrir las horas consagrado al estudio de sus sacros volúmenes. En los bellos crepúsculos vespertinos meditaba el joven bajo el rumoroso follaje de los árboles del patio y a veces colaboraba con Pedro el jardinero en las pequeñas labores agrícolas del monasterio. La vida se desarrollaba plácida y reposada entre el toque de maitines y la oración de la tarde. Lejos el mundo y el ruido, la carne y el demonio.

Todos amaban al monje Efraín. Su dulzura, la suavidad de sus palabras, sus miradas que diríase erraban sobre las cosas y los seres acariciándolos con ternura, su pálido rostro y su noble ademán eran proverbiales entre las gentes del monasterio. «Es tan devoto como el hermano Efraín.» «Existe en él tanta bondad como en el hermano Efraín» —se decía. Su abstinencia, su pudor, no se habían ruborizado jamás ante ninguna sospecha. Y hasta los perros vagabundos y pordioseros que acudían a lamer las puertas del claustro sabían de su piedad.

Repentinamente, el hermano Efraín se volvio irascible y violento. Su extraordinaria suavidad, su dulce palabra desaparecieron por ensalmo. Dio malas razones. Rehusó hablar a sus compañeros con su cálido y fervoroso verbo, de la pasión y muerte de Jesucristo, como solía antes a la luz del plenilunio, bajo los árboles del jardín.

Replicaba duramente a Pedro el jardinero cuando éste lo invitaba a la faena. Y —cosa inaudita— un día arrojó la puerta al rostro lamentable de un mendigo y dio de puntapiés a un can hambriento. Algo diabólico, algo insólito, ocurría en la vida del monje Efraín.

Este brusco cambio en las modalidades del dulce hermano coincidía con la fecha de su última salida al mundo. Muy raras veces Efraín abandonaba el convento. Allí radicaban su vida y su gloria. Fuera, tras los gruesos muros bullía la existencia —para él banal, corrompida y miserable— de los demás hombres. Sólo trasponía el umbral del monasterio para ir a visitar a su madre, una vez cada cuatro o cinco meses. Aunque las reglas de la comunidad se lo hubiesen permitido, él no manifestaba deseos de salir. Y fue en una de esas visitas a su madre que conoció a Clara van Séveren, su prima carnal.

Clara van Séveren era una criatura rubia y frívola. Amaba los cines, las revistas teatrales, el tenis, apuraba cócteles, leía las novelas de Guido da Verona. Efraín nunca se hubiese familiarizado con ella. Su palabra viva y colorida, la movilidad de

sus gestos y su desenvoltura le produjeron mala impresión. Era la primera vez que veía a su prima, ausente durante muchos años en el extranjero. Y a pesar de ser ella tan distinta de las dulces madonnas de la religión, quizás por eso, Efraín dejó posarse largamente sus ojos en la rubia Clara.

Cuando se rompió aquella especie de sortilegio que produjo la mirada, Efraín clavó una y otra vez sus pupilas en la mujer que tenía enfrente. La primera mirada fue de inocencia, de recato, diríase sorprendida. Las siguientes fueron miradas insidiosas, casi culpables, con algo de terror divino y de goce sacrílego. Abismó el joven sus tranquilos ojos soñadores en las cisternas misteriosas, de un azul ambiguo, que semejaban las pupilas de Clara van Séveren.

Palpó con la mirada ávida las líneas graciosas del cuerpo femenino, la ondulación insinuante de las caderas, el misterio del seno opulento. Una onda de perfume mórbido, enervante, intenso, parecía apoderarse de él. Un malestar inexplicable le asediaba el cuerpo. La sangre bullía rápidamente; martilleaban en sus sienes las arterias enloquecidas. Sentíase ebrio y, ante aquella mujer rubia y láctea, que veía junto a sí; ante la obsesión de aquella mujer desnuda y prometedora, el instinto genésico rugía implacable.

Pero, después de un ceremonioso saludo, correspondido con una fresca sonrisa de la prima, Efraín abandonó la habitación de su madre, volviendo a la soledad y la pureza de su celda. No volvió a ver jamás a Clara van Séveren.

Sin embargo, de aquel día databa su extraña conducta.

Se le vigiló. Muchas veces lo sorprendieron extático ante la María Magdalena de la catedral metropolitana o ante el retrato de la Rosa de Betania, firmado por un célebre pintor holandés o español, que adornaba el oratorio del monasterio. Detalle revelador: el hermano Efraín adquirió una pequeña reproducción de aquel retrato famoso y la colocó bajo el crucifijo de su habitación, sobre su lecho de asceta donde jamás habían florecido las rosas rojas del pecado.

II

El monje Efraín se consumía en las ansias de una pasión sacrílega. Además de sacrílega, imposible. Amaba a María Magdalena, la cortesana dorada, la Rosa de Betania, flor maravillosa de pecadoras. El monje Efraín siempre había adorado la figura resplandeciente de la tercer María, nimbada de santidad cuando ungió con esencia de nardo los pies del Maestro y cuando derramó lágrimas piadosas la tarde de la crucifixión, al pie del madero infamante. Después de conocer a Clara van Séveren, Efraín amó a María Magdalena como un hombre ama y desea a una mujer. Quizás en la imagen de la Pecadora, Efraín amase a Clara van Séveren. La repentina aparición de ésta había revelado el misterio al joven monje. Ella era la mujer. Era la hembra. Era el amor, el mundo, la sangre y el pecado. Cuando la vio, cuando se abismó en las pupilas de Clara van Séveren, que eran de un azul ambiguo, como el de las cisternas, Efraín recordó que en su vida casta, que en su blanca vida, existía otra mujer. Otra mujer blonda y fragante, carnal y sensual. En ese momento, la lejanísima figura áurea de María Magdalena se corporizó ante sus ojos, ante sus sentidos, ante su corazón.

Le infundió sangre, luz, vida, alma, a lo que había, sido un recuerdo, una evocación, un fantasma. Y arribaron a él los raptos de angustia y las noches de insomnio y las horas desoladas. Contemplaba largamente, poseído de inquietud libidinosa, el rostro lácteo, nimbado por la cabellera de oro. A veces lo cubría de besos. Y temblaba todo él ardiendo en fiebre insana.

Por este amor superhumano y maldito odió al Redentor. Tuvo celos de él. María Magdalena también había amado a Jesús. Por ese amor abandonó su vida regalada y brillante de cortesana y sus perfumes y sus ricas joyas y sus favoritos. Sólo un inmenso amor de mujer puede llegar, como el suyo, al sacrificio, al renunciamiento, a la suprema abnegación y a la humildad. Sólo en un alma de mujer puede encontrar cabida semejante amor, que no es de madre, ni es de hija, ni es de hermana. Así como sólo en el alma de un hombre puede encontrar abrigo un amor semejante al de Cristo hacia la humanidad irredenta. La Rosa de Betania brillaba en el apogeo de su juventud, de su hermosura y de su fulgor cuando el sublime loco apareció sembrando en las tierras áridas de Judea el grano perfumado de sus parábolas. Y María Magdalena, que moraba en el boato, el goce y el vicio, que tenía en derredor una corte de amantes y vasallos, lo despreció todo, todo lo olvidó de pronto cuando allá sobre una calcinada llanura, ante las ondas verdeantes del lago de Tiberíades, Jesús hablaba en medio de un grupo de mujeres y de pescadores en harapos. Fue un gran amor el suyo indudablemente. Un grande amor humano.

Y —en sus tétricas noches de insomnio— veía aparecer el monje Efraín, la divina figura del Redentor, cruzando las calles de Jerusalén, en la apoteosis del Domingo de Ramos. Jesús atravesaba andando el irritado lago, Jesús ascendía a la montaña y las palabras del sermón brotaban de sus labios, herencia para todos los siglos; Jesús resucitaba a Lázaro, sanaba a los leprosos, hacía radiar la luz en las pupilas de los ciegos, multiplicaba el pan a los hambrientos, llenaba las vasijas de generoso licor. Y —más tarde— la cena de los doce, y el Huerto de los Olivos y el odio de la plebe, la comparación con Barrabás y la flaqueza de Poncio Pilatos, la rabia del sanedrín y la piedad de Claudia Prócula. Más tarde: el escarnio y la befa; la sentencia y la pasión, el látigo de los judíos, la brutalidad de los centuriones del águila dorada, el poderío de la Roma imperial cebándose en el Subversor, el madero a cuestas, la corona de espinas, la calle de la amargura, los desmayos, el lienzo de Verónica y el hombro del Cirineo, los clavos que hienden la carne y los brazos que se abren en cruz, la hiel y el vinagre, la tremenda lanzada en el costado y la sangre luminosa que fue alba en la noche de Longino. ¡Eli, eli lamma sabacthani!... la agonía y las pavorosas tinieblas...

Y el monje Efraín veía a María de Magdala siguiendo las huellas del Maestro. Ella lo había amado con todo un amor de mujer, todo un amor humano capaz de ir hacia el sacrificio, hacia el martirio. Pero él no la amó nunca. Porque su inmenso amor fue para todos los seres. Judas Iscariote vendió al Maestro por celos. El mísero amaba también a María Magdalena. Y cuando su pasión no fue correspondida, se vengó denunciando al Subversor. Efraín pensaba que si él hubiese estado en la cena de los doce, el traidor quizás no se llamase Judas...

III

Era la noche del Domingo de Resurrección. El monje Efraín, solo en el desamparo y la orfandad de su celda, sufría dominado por rojas visiones pecaminosas y sacrílegas. La claridad lunar, velada y tenue, penetraba por la ventana abierta por donde también penetraba el aroma intenso de los opulentos rosales en flor. El monje Efraín meditaba en la pasión de Cristo. Temblaba evocando la dorada figura de la Pecadora. Después del horror del Gólgota surgía la aurora del Domingo de Resurrección. El Subversor aparecía magnífico, luminoso, triunfante. Y el inmenso amor de los seres que estaban cerca de él, de los seres que sufrían con él, la Madre, José de Arimatea, ¡María Magdalena! era colmado de dicha. En aquella batalla monstruosa que reñía con el Redentor. Efraín comprendió que llevaba la peor parte. Era el vencido.

Alzó los ojos. Sobre María Magdalena, el Crucifijo brillaba con insólito fulgor. Diríase que en aquella noche del Domingo de Resurrección florecía en magníficas rosas de luz. Iracundo, ciego, demente, Efraín se abalanzó hacia él y arrojándolo contra el suelo lo hizo pedazos. En la tierra, en el piso frío de la celda, los fragmentos brillaban como diamantes, bañados por la claridad lunar que penetraba por la ventana con el aroma de los rosales. El monje Efraín se sintió anonadado. Su inmenso odio no podía vencer aquel inmenso amor. Aquel inmenso amor hacia todos los hombres —hacia él que era uno de esos hombres— no sufría mengua ni desmayo ante su inmenso odio. Permanecía inalterable y sereno.

IV

Al toque de maitines los compañeros de Efraín penetraron en la celda. El monje yacía rígido y amoratado, con las manos aun crispadas en el cordón de San Francisco que ceñía su garganta, junto al Crucifijo hecho pedazos. Sobre la cabecera del lecho, bajo el sitio que ocupó el Redentor, María Magdalena contemplaba al muerto con sus inmóviles ojos semejantes a dos cisternas, profundas como el amor, inmensas como la piedad.

EL ÓPALO TRISTE

Era un pobre ópalo enfermo del mal de Chopin. Un ópalo tuberculoso. Hermano en angustia de aquella irreal Margarita Gauthier; hermano también de aquella huérfana mendiga que murió de frío en el corazón, sobre las baldosas duras de la Catedral, una noche lunar, dicembrina, mientras era Carnaval en el alma de los hombres y Carnaval en el estómago de los perros flacos que saludaban las lejanas torres con la carcajada homérica de sus ladridos.

¿Recuerdas la mendiga, huérfana y blanca, toda blanca de inocencia, toda blanca de luna dicembrina y de tuberculosis galopante? Alba y grácil, la niña infeliz fue a llorar su hambre junto a la lumbre de la Vía Láctea, para no dormir más sobre las baldosas frías e inmisericordes, viendo desfilar las rondas astrales de los fantasmas que van a despertar las dormidas armonías del órgano.

El ópalo triste era hermano menor de aquella huerfanita que murió con el corazón tísico porque nadie meció en la cuna sus caprichos infantiles; porque no hubo madre que la vistiera de ternura y porque Santa Claus, ese viejo farolero que sólo visita a los niños ricos y las alcobas con luces veladas, no le dejó jamás en la media rota una muñeca pobre y fea, tiritando de frío.

El ópalo no estaba triste por Santa Claus, ni por las caritas de porcelana con ojos azules ni por los globos que se rompen al menor contacto, como ilusión que fallece. El ópalo estaba tísico por la nostalgia de un lindo dedo pálido; por aquella mano breve donde tanto tiempo vivió cautivo; por aquellas pupilas de aguamarina y aquella boca que tantas veces le dejó el calor de un beso apasionado y primaveral.

Había vivido derramando su fulgor malva y rojo, con encanto crepuscular, lejano y triste, sobre los cinco pétalos arborescentes de aquella mano incomparablemente grácil, que resucitaba el prestigio extinto bajo el hacha niveladora de los septembristas victimarios de la princesa Lamballe. A ratos el ópalo una disolución de violetas prisioneras en un rayo de sol convertido en maravilloso estuche y en el fondo había un brillo incandescente, fúlgido; ora semejaba un estanque microscópico e inmóvil lleno de extrañas coloraciones desde el oro amarillo hasta el rojo violento de los atardeceres; diríase que la gema vivía; que estaba animada por un espíritu; que palpitaba en ella la conciencia de sus fulgores; y se creyera orgullosa por tal motivo y por sentir la caricia obscura de mil ojos sobre su fría consistencia. Puck, señor y mago de las entrañas vírgenes, le había insuflado algo de su ser taumatúrgico y eterno.

Margot lo llevaba siempre consigo y el ópalo parecía un escarabajo fantástico ebrio sobre un pétalo de lirio, adherido en el anular de la niña. Allí soñaba, allí dormía, allí se extasiaba. Inteligente y ocioso como un sibarita encontró que la suprema ecuación de la vida se resuelve dejándose amar y brindando amor aunque en el fondo de toda pasión enhebre la araña mentira su tela maravillosamente sutil. Por eso el ópalo gustaba desmayarse arropado de caricias y sabía cuán bellos y sabios son los deliquios amorosos porque la niña aristocrática dabale constante y celosamente su ternura. Desfallecía bajo la mano leda que pasaba mil veces sobre él colmándolo de mimos; y cuando la palabra fluía como raudal de esencias y cuando los labios le dejaban su beso primicial.

Entonces un fulgor inusitado, violento, un brillo de incendio, de gloria y de astro, estallaba en la gema. Era como el paroxismo de sus ardores. Como una pasión muda y contenida que gritase repentinamente. El ópalo sentíase enfermo de ansias febriles. Poseso de un verdadero delirio hasta, que la caricia se hacía noche, extinguiéndose. Cuando el sueño velaba las pupilas de la dueña fragante, soñaba el ópalo sibarita la inmensa delectación de recorrer todo aquel cuerpo y dejar en los brazos, en los hombros y en la curva perfecta de la cadera su beso frío ¡su pobre beso frío! o esconderse maliciosamente y calentar su desnudez en el tibio rescoldo del agitado seno. Era Primavera en los días de Margot, triunfo de la risa y alegría del corazón. El ópalo seguía brillando como el ojo maligno de Puck, el diablillo alegre y taumaturgo.

Pero una tarde hubo de llegar. Margot vio como temblaban en el fino lienzo, hechas rocío de lágrimas, las dos estrellas radiantes que eran sus pupilas. Una escena violenta y El se había incorporado allá muy lejos por la carrera de palmeras. La primera decepción amorosa rompió el encanto primaveral. El ópalo sintióse más frío. Perdía la magnífica insolencia de sus fulgores. Y, así como la dueña, enfermó de repentina tristeza.

En un mísero rincón polvoriento encontré mucho tiempo después el ópalo noble de Margot. Nada tenía de soberbio ni de audaz. Estaba triste y apagado. Mustio, cobarde y viejo. El pobrecito se moría de tuberculosis, perdiendo todo su brillo como un ser infeliz a quien se le agotaron las ansias de vida. En cenizas el fulgor de sus días triunfales. Lleno de la tristeza inmensa y resignada de los que sólo esperan un fin inevitable que no tardará en llegar. Allí, olvidado y escarnecido fue enfermando, poseso de incurable melancolía; embriagándose en la añoranza de aquella linda mano donde irradió su orgullosa frialdad de sibarita, hasta que el recuerdo se hizo implacable corrosivo que minaba lentamente su dura consistencia. Margot lo tiró al rincón un día funesto, porque los ópalos son mal agüero y a él debíale la iniciación de sus dolores y el ruidoso fracaso de sus primeras ilusiones. En su abandono se fue mustiando; extinguiéndose, hasta apagarse en el silencio de todos sus brillos, en el desastre total de sus fulgores.

Esta es la historia del ópalo tísico. Del ópalo que enfermó del mal de los poetas noctámbulos y anarquistas; hermano menor de aquella infeliz mendiga que murió, toda blanca de inocencia, sobre las baldosas inmisericordes, en una noche dicembrina, cuando los perros seguían con sus ladridos al viento y a las nubes que se llevaban robada la luna; y bajo la canción estrepitosa de crótalos y timbales, rendida a mi palabra unciosa, brindaste a mis ensueños sitibundos ¡oh mi frívola amiga! la fruta dehiscente de tu juventud.

LA REINA MALVA

Dos vasos de ajenjo bastaron para que Rogelio empezara a soñar, junto a la humilde mesa de la taberna destartalada, recogida en la embriaguez silenciosa de la penumbra, donde florecen todos los pecados, dentro de la fantástica vorágine de la urbe cosmopolita y trepidante.

Fuera, las limusinas se deslizaban con suave murmullo sobre las avenidas asfaltadas, espantando con el grito agudo de sus claxons a los troncos de soberbios caballos que golpeaban furiosamente la tierra, unidos a las lujosas victorias de los insolentes magnates.

Dentro, la luz se moría, tal vez borracha de ajenjo; hechizada por aquel ambiente enfermo con el vaho de pesimismo, la rebeldía, el surmenage intelectual.

¡Bohemia! Bohemia miserable y sin encantos; claudicación diaria del orgullo masculino; rostros macilentos, desvelados y flacos; manos temblorosas; maldita e insaciable sed de licor....y, después, la tuberculosis; la sala mal oliente del hospital; las caídas vergonzantes, una seguida de otra, como guiones cortando un párrafo, hasta que un día nebuloso y frío, el lamento siempre igual del esquilón fúnebre; los amigos vestidos de luto; las ofrendas florales, pocas: era un artista; el obligado panegírico; la tierra que da las gracias con voz muy seca: lluvia de pedruscos en el desnudo ataúd. La tarde lila…el sol lejano... muy allá el oriente, la gloria.... ¡Y la vida que pasa, como una carcajada, sobre el lugar ignorado de esa tumba!

Rogelio había principiado a soñar después que la llama verde del ajenjo se apagó en los vasos para encenderse adentro, en nuestra fantasía. Hacíamos vida verleniana, tal como se puede hacer hoy. Bohemia adulterada, sin el grato sabor añejo con que la canta, en sus poemas dolorosos, Emilio Carrere, donde, a la luz indecisa que reina en las tabernas, desfilan rostros pálidos y vagas siluetas de grandes visionarios. Pero las flores del mal —venenosas, negras, trágicas—, nos exornaban el alma; en nuestros jardines maravillosamente bellos y fatales, junto a las aves de plumaje albo, los cuervos taciturnos graznaban su eterno ¡Never more! y monstruosos hipocentauros abrevaban en las fuentes cristalinas. Las sombras de Hugo, de

Verlaine, de Poe, de Wilde, de Baudelaire, surgían como alucinadas. ¡Inmensos predios de imágenes! ¡Huertos poblados de quimeras y de ensueños! ¡Incognoscibles selvas de la fantasía!

Al nacer Rogelio, los dioses cometieron el pecado de darle inteligencia superior. Se olvidaron de la era del Becerro de Oro y lo engendraron poeta. En el impenetrable misterio de su karma, el infortunio enseñaba su máscara cruel. Otro pecado y mayor aún cometieron los dioses: no le dieron riquezas. Ni heredó un nombre catalogado entre el círculo aristocrático, gracias a una libreta de cheques; ni vastas propiedades, ni rentas. La casualidad no quiso que naciera en las gradas de ningún club, ni en el vestíbulo de cualquier palacio... No fue Don. Sencillamente Rogelio de Villar, un muchacho simpático que hacía versos; versos extraños, de una musicalidad arcana y exquisita; de un sabor casi amargo; llenos de ironía y tristeza, embebidos de crepúsculo, de noche y de azur; versos donde temblaba el espíritu diabólico del ajenjo.

Tampoco tuvo mi amigo poeta la ocurrencia muy común de dedicar alejandrinos a las lindas poupées ni a las damas casaderas de la metrópoli. Acertaron los dioses engendrándolo orgulloso y él desdeñó siempre las gloriolas que tanto apetecen los vates cortesanos y ramplones. Su talento no fue a besar la planta de ninguna mujer y las magníficas elucubraciones de su cerebro no sirvieron de incienso ante frívolos altares. La hembra logró las palpitaciones de su corazón ¡al fin corazón! pero no el oro bruñido de su ingenio.

Soñaba en la penumbra de aquel cuarto de taberna pobre. Las llamas locas del ajenjo bailaban dentro de su fantasía una danza oriental. Fuera, las limusinas agredían el suelo húmedo de sereno con sus llantas silenciosas. La ciudad se embrujaba en la niebla de la medianoche. Allá las plazas y los teatros iluminados profusamente... más lejos, las barriadas miserables; arriba, millones de estrellas como pupilas temblorosas abiertas sobre un enigma; y en el oriente vago, amaneciendo, muy pálido aún el sol de la gloria que nosotros llevamos rutilante y magnífico en el zenit de la bohemia inquietud de cantar...

"Anoche, quizá muy bebido, quizá en ese estado que tanto amaron Verlaine y Poe, tal vez como una amenaza de delirium tremens, tuve un sueño absurdo, un sueño que es todo un poema de Wilde... ¡y qué canalla, qué mísera veía mi vida junto a mi sueño!

Una mujer... aquella mujer tenía las ojeras malva... ¿has visto tú sobre un milagroso jarrón de laca dos orquídeas raras, perversas, diabólicas, cual dos llamas de ajenjo? Así era la mujer del sueño: un milagroso jarrón de laca, todo rosa, todo blanco y dos orquídeas incomparables —las ojeras malva.

Dos copas perfectas los senos intactos —marfil en los hombros y en los brazos— manos liliales, manos ebúrneas, pétalos amados en mis delirios.

Era una reina antigua. Una reina bellísima y perversa, de esas que se esfuman en las leyendas áureas donde hay demencia de mármoles y pórfidos. No sé de qué país podía haber sido. Quizá del Egipto cabalístico e ignoto donde los ibis hieráticos y pensativos interrogan el arcano de los siglos sobre las riberas fecundas del Nilo taumatúrgico.

Una reina de Babilonia, de Nínive o de Cartago, la deslumbrante ciudad de Amílcar Barca y de Salambó. Vi a la mujer blanca, rosa y malva, rodeada de una decoración prodigiosa. Bajo una montaña de mármol, donde se hacían polvo los rayos del más hermoso sol que ha brillado en mi vida.

Pórticos, laberinto de columnas, escalinatas, gigantescos esclavos de diferentes razas; negros como lustroso ébano, traídos de la región líbica, partos, griegos, persas, etíopes, ágiles y feroces númidas, bereberes y marroquíes —en fin— un singular mosaico de especímenes de todos los climas y países.

Y esclavas de Circasia, semejantes a grandes lotos que se moviesen graciosa y rítmicamente; mujeres de Georgia, adolescentes, perfectas como ánforas; lúbricas y sensuales bayaderas, oulai-neils, maestras de la voluptuosidad; tañedoras de cítaras y laúdes; arpistas y escanciadoras de raros perfumes.

Había también elefantes pesados y monumentales como académicos; soberbios tigres de Bengala; leones del desierto líbico; jaguares, panteras y leopardos; una bellísima colección de ánades azules deslizándose en el agua muerta de los estanques; cisnes blancos y negros y los ibis sagrados del Egipto.

Por la quieta superficie de un río extraño donde se reflejaban los mármoles de las terrazas, bogaban lentamente muchas barcas semejantes a aquella en que Cleopatra llegó al encuentro del triunviro romano; y en densas espirales de humo iba hacia el cielo el alma sutil de exóticos aromas.

"Anoche, quizá muy bebido, quizá en ese estado que tanto amaron Verlaine y Poe, tal vez como una amenaza de delirium tremens, tuve un sueño absurdo, un sueño que es todo un poema de Wilde... ¡y qué canalla, qué mísera veía mi vida junto a mi sueño!

Una mujer... aquella mujer tenía las ojeras malva... ¿has visto tú sobre un milagroso jarrón de laca dos orquídeas raras, perversas, diabólicas, cual dos llamas de ajenjo? Así era la mujer del sueño: un milagroso jarrón de laca, todo rosa, todo blanco y dos orquídeas incomparables —las ojeras malva.

Dos copas perfectas los senos intactos —marfil en los hombros y en los brazos— manos liliales, manos ebúrneas, pétalos amados en mis delirios.

Era una reina antigua. Una reina bellísima y perversa, de esas que se esfuman en las leyendas.

Aquella reina de las ojeras malva estaba en medio de todo esto. Y Ella sola valía más que las riquezas allí amontonadas. Yo hubiera desdeñado los palacios de mármol, con pórticos deslumbrantes y columnas rosadas; los estanques llenos de ánades azules; los elefantes cargados de oro; los zafiros, las esmeraldas, las amatistas, los diamantes de brillo sin igual; las esclavas circasianas tan blancas como lotos errabundos; las oulai-neils que saben dar la muerte con sus contorsiones voluptuosas; las núbiles adolescentes — y las barcas repletas de púrpuras, de gemas y de blondas.

Todo lo hubiese desdeñado por Ella. Por quedarme a la sombra de las ojeras malva, besando el marfil de sus brazos y sus hombros; los dos prodigios alabastrinos de sus manos y su cabellera semejante a oro de sol.

Quizá esa reina fuese Belkiss... ¿recuerdas los divinos interlunios? ¡Así era la mujer malva de mi sueño! ¡Oh, ajenjo, a quien debo esta noche maravillosa! —y, cuando la embriaguez se hubo disipado; cuando las luces estúpidas de la razón brillaron en mi cerebro después de haber vivido los minutos más gloriosos de mi existencia— ¡me sentí desolado!

Ya puede pasar, mintiendo, la ronda prosaica de los días... yo he muerto... quedé enterrado con la reina de mi ensueño... cabe los estanques donde los ánades poetizan el sortilegio de las ondas musicales".

Medianoche. El relente pasaba vibrando junto a las torres fantasmales y el esquilón decía su ritornelo angustioso cada vez que la aguja marcaba el vuelo de las horas.

Bajo los árboles taciturnos de la avenida, empeñados en un diálogo formal con las constelaciones, caminábamos Rogelio y yo.

La Cabellera de Berenice cobijaba piadosamente nuestra desilusión.

Allá lejos, las plazas y los teatros con sus luces féericas; más lejos, las barriadas miserables; arriba, las pupilas desorbitadas del infinito contemplando la fuga de los siglos; muy allá, el oriente y en él, pálido, cobarde, amaneciendo, el sol de la gloria.

Encendidas en nuestra fantasía las dos llamas diabólicas del ajenjo. Soñábamos.

Ruge una limusina. La carcajada repentina de la sirena se queda vibrando en la noche fría...

Es la respuesta de la vida a nuestro ensueño. Los fantasmas se han desvanecido. Amanece. Las fábricas insultan el azul con sus roncos alaridos. Pasa un tropel de obreros.

¡Es el Becerro de Oro que inicia su reinado!

EL CARNAVAL DE LOS LOCOS

Cuando penetramos en la sombría mansión donde Nuestra Señora la Demencia aposenta su hermoso sitial, una emoción profunda nos sobrecogió a mi amigo el Dr. Castro y a mí.

Aquellas altas y escuetas paredes llenas de inscripciones tremendamente obscenas, aquellas bóvedas sepulcrales donde apenas se colaban débiles rayos del sol matinal, el aspecto taciturno y violento de los guardianes y los gritos estridentes que a veces se quebraban en el espesor de las murallas, nos infundieron un pequeño miedo. Nos sentíamos con el ánimo encogido, malhumorados y con cierta repugnancia de las caras y cosas que nos rodeaban.

Pero, cuando nos fuimos acostumbrando, después de muchos minutos, a la decoración y al espíritu del lugar, tuvimos horas interesantes cuyo recuerdo perdurará largamente.

Creo que he dicho espíritu. ¿Cómo podrá haberlo en una casa de orates? Sin embargo, existe el inmenso, secular y tremendo espíritu de la Locura.

Ese espíritu es verdad, luz y misterio; en él palpitan el cosmos y el arcano de las generaciones; fulgen los destellos que están más allá de las órbitas humanas, de la razón, de la lógica, de los análisis y de los laboratorios.

Enormemente grotesco como el mundo, cuajado de luces enigmáticas como la bóveda celeste, paradójico como la vida y como la muerte, así es el gran espíritu de la Locura.

Nosotros sentimos, al penetrar en la sombría casa, que él nos acariciaba con sus bellas alas tenebrosas, y, por un momento, nos acometió el vértigo de arroparnos en ellas.

En sus celdas estrechas, entre penumbras que sólo nos permitían distinguir muy vagamente sus rostros moldeados por el escultor divino en barro verdadero; sus rostros donde los gestos desnudos quedaban estereotipados, ajenos completamente al fingimiento y la mentira, aquellos locos resultaban encantadores.

Sus voces eran de un timbre viril y sibilino; voces en que cantaba la verdad; voces donde surgía la verdad limpia, pura, doncella que ha tomado un baño lustral en las aguas de una fuente milagrosa. Yo me imaginaba grotescos, sucios, repugnantes, horribles, todos aquellos locos y ¡oh sorpresa! los veía claros, transparentes, como si en ellos la sinceridad fuese una aureola, como si en ellos gritasen todas las fuerzas vivas de la naturaleza, que es afirmación y victoria.

Aquellos dementes parecían niños distraídos en un juego trascendental. Se diría que eran adolescentes que hubiesen agotado fórmulas literarias, filosóficas y políticas, sin perder jamás su ingenuidad y su sonrisa.

Estos locos radiantes y tranquilos son hermanos menores, oscuros y anónimos, de otros locos grandes, muy grandes, cuya historia ha aprendido de memoria la humanidad para denigrarlos con lenguaje sucio y violento o para echarse de hinojos a sus plantas, grotescamente, estúpidamente, con algo de instinto animal.

Hubo en otros tiempos, y se gestan en los actuales, enormes dementes que no pueden ser comprendidos por esta humanidad simple y unilateral, precisamente porque ellos, como todo lo inmenso, son absurdos, paradójicos, multilaterales, con un brillo nuevo y raro en cada faceta, como el diamante más preciado.

Uno de estos locos célebres se llamó Buda y era un príncipe sabio y poderoso, señor de inmensas riquezas, inmensas extensiones e inmensas muchedumbres. Pero toda su sabiduría y todo su poder no le valieron contra la locura que un buen día le sorprendió y, de gran señor, el monarca fastuoso y magnánimo, se convirtió en un mendigo que iba predicando sabe Dios qué teorías impracticables a los hombres que se enriquecieron rápidamente con los dineros que fueron suyos.

En aquellos dichosos tiempos aún no se habían edificado asilos de orates, de manera que Buda no acabó tranquilamente sus días en uno de ellos, pero pasó a la historia como un fundador de religión... ¡una religión basada en el desinterés y el amor! ¿Habrá caso más sorprendente de extravío mental?

Otro caso famosísimo de locura ocurrió hará cosa de veinte siglos, en una comarca que llaman Palestina, desarrollándose ora en las orillas del bello lago azul de Genezareth donde posó sus ojos tranquilos Krissys, la dorada cortesana de "Afrodita"; en una Montaña de las Bienaventuranzas y un monte Tabor; en un Huerto de los Olivos y en las calles estrechas de Jerusalén.

El protagonista de este otro caso esporádico de locura se llamó Jesucristo y era hijo del carpintero José y de María, mujer de belleza inmaculada. No acabó sus días en una cárcel sombría, sino entre dos ladrones clavado en el madero infamante.

Y pasó también a la historia como fundador de una religión... ¡una religión basada en el amor al prójimo, la caridad, el perdón! Este loco sublime estableció escuela, pero los alumnos no pueden estar cerca del Maestro.

En aquellos lejanos tiempos, seguramente como medida sanitaria, existía la costumbre de crucificar a los dementes igual que a los ladrones y a los asesinos. Hoy no se comete semejante atrocidad y, debido a tan humana reforma, pudimos mi amigo el Dr. Castro y yo, oír los raros discursos de los alienados de la sombría mansión.

El loco de la celda N° 1 tiene la mañana en el rostro y en el corazón. En su vida siempre estará amaneciendo, pues él ha perdido la vulgar noción del tiempo y de las edades.

Canta, silba, grita, sus gritos son prístinos, espolvoreados de alegría y de vigor natural, como si fuesen gritos de los abedules, los robles y los pinos macizos de la selva; como si fuesen gritos de los torrentes magníficos de la selva.

Es que en su voz grita la juventud. Y, como la mañana es azul y azul es la mañana en su corazón, lanza esos sonidos tan prístinos.

Este loco tuvo una novia, pero como la novia era sensata y no podía comprender el lenguaje de su demencia, él la estranguló con un cordón florido.

Más tarde encontró la en su celda. Parecía venir desde muy lejos. Era astral y ya pudo comprender el arcano lenguaje de su amigo; ya pudo leer en el alma de éste y no hacer caso del esqueleto mísero de las palabras.

Fue entonces cuando aquel demente lanzó al cielo sereno el himno de su victoria.

Y era ese himno el que recogían nuestros oídos.

El viejo alienado de la celda N° 5 es un poeta y ha dado en no querer alimentarse más que de estrellas, flores y nubes —luz, ambrosía y pureza— como aquel cisne, también demente, que sólo se alimentaba con los reflejos de los luceros en las aguas quietas de la laguna.

El poeta de la cárcel de orates rehúsa tomar sus comidas desde hace mucho tiempo y cada día va siendo menor su potencia vital. Pero él se sabe luminoso, se sabe lleno de extraños fulgores, ebrio de lumbre zodiacal y por eso vive feliz alimentándose de estrellas, flores y nubes.

Imagino los grandes festines de este raro poeta en las noches tibias, serenas, cuando miríadas de estrellas tiemblan sobre sus pupilas asombradas. El viejo se pasa las noches contemplando el cielo espolvoreado de plata desde la pequeña ventana de la celda N° 5.

Siempre es el mismo espectáculo lleno de incomprensible grandeza: la Osa Mayor, la Osa Menor, Arturo, Berenice, Alfa, Omega; los diamantes más rutilantes, las perlas más finas para engarzar en la diadema de una soñadora emperatriz oriental y la generosa Vía Láctea, el sendero diáfano, todas se brindan para que el loco mate su hambre sideral.

En la mañana clara, el buen anciano sale a buscar rosas, margaritas del prado, lirios y jazmines blancos, blancos con la imposible albura de su pobre corazón demente.

Sus ojos errabundos se prenden, llenos de incurable melancolía, en la gasa impalpable de las nubes fugaces, volubles, lejanas, tan ajenas a la humana pequeñez y a la miseria humana.

Y yo imagino el espíritu cautivo del buen viejo alienado, cual un pájaro ebrio de azul que en una alborada se lanzase, semejante a una flecha vertiginosa, hacia el sol.

Todos los recluidos ofrecen un aspecto tranquilo y reposado; parecen encontrarse muy felices y satisfechos de vivir. ¡Qué falta les hace el mundo del cual se les ha aislado!

Dejadles, dejadles quietos en el universo de ilusión que ellos se han creado y que es extrañamente bello.

Una tarde volví con mi amigo el Dr. Castro a la sombría mansión de los orates. Pensábamos encontrarlos tan pacíficos, tan quietos, tan sugestivos, como la mañana en que por vez primera fuimos a visitarlos. Mas... ¡oh sorpresa! los locos celebraban su carnaval y todos se disfrazaban de cuerdos.

Los pobres asilados también celebran esa fiesta en que, bajo la máscara bufa, asoma el rostro de la verdad. Y todos representaban los papeles que desempeñarían en una sociedad de gente razonable.

Aquellos pacíficos y hasta encantadores dementes que tan buen rato nos dieron en otra ocasión, eran, durante el carnaval, verdaderamente insoportables.

Agitándose en tremenda confusión ofrecían un espectáculo raro, aterrador, que causaba estremecimientos de miedo y angustia. Sabiendo que estaban asegurados en medio de las altas y gruesas paredes, los celosos guardianes los dejaban hacer libremente, gozando ellos mismos en el cuadro, a la vez hilarante y doloroso, que presentaba la centena de alienados.

Sobrecogido el ánimo, nosotros contemplábamos el carnaval de los locos, amargándonos el corazón ante el irónico espejo de la humanidad.

La fiesta que celebraban los dementes, por el furor desenfrenado de su alegría, por el tremendo ruido con que estallaban sus voces, gritos y carcajadas, por la abigarrada mezcla de rostros, cuerpos y trajes, por el inmenso rumor que llenaba los ámbitos del manicomio y se iba en el viento a quebrarse sobre la ciudad, parecía una espantable noche de Valpurgis; era un acontecimiento semejante a las celebraciones del Baco heleno y a las saturnales de los romanos; emulaba la fiesta de los Inocentes en las ruidosas villas medievales, las del Asno y del Zorro y las célebres Carnestolendas.

Veíamos revivir con una pujanza desorbitante el alma libre del paganismo. La risa enorme, la risa desconcertante que vibró en las edades lejanas... el espíritu de los viejos tiempos... ¡Oh Aristófanes y Rabelais! hacía sonoras las murallas de la cárcel secular. Era una alucinante exposición de aguas fuertes y de siniestros crayones la zarabanda de locos.

Por la actitud, el gesto y el traje podíamos cerciorarnos qué papel desempeñaba cada alienado.

Se veían especímenes de todas las jerarquías políticas y sociales; de todas las edades, profesiones y oficios; presidentes, magistrados, altos dignatarios de la milicia, el clero y el gobierno; congresales y académicos; coquetas y Don Juanes.

Cada quien desempeñaba su papel con extraña y cómica seriedad.

Microscópicamente veíamos nosotros desfilar el enorme rebaño humano; sus luchas, sus castas, sus Himalayas de leyes, sus tremendos absurdos, sus pequeños dolores y sus grandes miserias.

En aquel recinto, la arcana Verdad se abría como una boca monstruosa y surgían de ella chorros de pequeñas verdades.

Los dementes nos presentaban el espectáculo que daríamos todos los cuerdos si repentinamente se esfumara nuestro YO externo y urbano y apareciese a plena luz nuestro YO subepidérmico, oculto, irrevelado, que sólo nosotros mismos llegamos a sospechar por vagos indicios que alumbran instantáneamente nuestra penumbra espiritual.

Durante un momento se produjo gran ruido en el centro del amplio patio y un murmullo confuso de voces y disputas. Luego, ante nuestros ojos se alzó un grueso madero. Cogidos de las manos, los locos formaban grandes círculos y al compás de exclamaciones y palmadas daban furiosos saltos. Aquello semejaba una danza macabra. No distinguíamos bien, pero nos parecía que algo había sido clavado en el madero. Pronto comprendimos. ¡La locura había sido crucificada! Luego fue quemada en efigie, destrozada y suspendida de la horca. ¡La locura ha muerto! ¡Hemos crucificado la locura! ¡Ahora todos somos cuerdos! aullaban miserablemente y entonces, la exaltación, el furor dionisíaco llegaron al colmo. Fue un tremendo paroxismo de alegría el de los dementes después de consumado el sacrificio. ¡Ha muerto la locura... todos somos cuerdos! Y el espectáculo que ofrecían aquellos alienados que habían recobrado la razón era pavoroso.

Nuestro joven amigo de la celda N° 1 se había dado cuenta por fin de la noción del tiempo y viéndose los cabellos canos y apergaminado el rostro, vociferaba cual un presidiario ante la convicción espantosa de su muerte en vida. Oímos que gritaba con acento capaz de infundir miedo a los corazones más fríos: "Morir no es acabarse... morir es verse un día como me veo yo. ¿Qué se hizo mi fuerza, mi juventud y mi gracia?". El pobrecito amigo se quiso disfrazar de viejo y la broma le resultó tremendamente cara, porque en el carnavalesco traje, como sucede con frecuencia en el mundo de los cuerdos, encontró su verdadera personalidad que la sombra generosa de la locura había ocultado hasta ese día fatal. El viejo poeta aullaba como un condenado, lanzando salivazos al sol y al tranquilo azul que contemplaba el aquelarre, no diferenciándolo de los que periódicamente se registran sobre el universo; grupos de mujeres desgreñadas danzaban en torno a una pira con rabioso erotismo; un alienado joven perseguía a una niña y cuando logró darle alcance, asióla de los cabellos y barrió el suelo con el cuerpo de la infeliz, mientras celebraba su hazaña con estridentes carcajadas. Otros locos, fuertes y buenos mozos, aporreaban sin piedad con el puño cerrado la joroba de un pequeño monstruo; una docena de mujeres iba rezando en voz alta y haciendo genuflexiones, hasta besar la tierra, para echarse junto a un fetiche de piedra oculto en un rincón; el obispo de los locos, ostentando la mitra y el báculo, alargaba obstinadamente la mano izquierda bendiciendo su tumultuosa grey; y algunos dementes, portando insignias de autoridades civiles o militares, azotaban con gran regocijo las espaldas de la muchedumbre. El ruido y la algazara fueron en crescendo hasta hacerse insoportables. Los aullidos de los locos daban la idea de que en el recinto había sido encerrado un centenar de fieras salvajes y rugientes. Se mezclaba el pavoroso acento del lobo y el chacal con el chillido agudo de los monos en la negra espesura. La fiesta degeneraba en mascarada. Pronto los dementes se arrojaron unos sobre otros tratando de estrangularse. Se atropellaban, se mesaban los cabellos, poseídos de extraña rabia y el que caía era pisoteado. Parecían una legión de seres infernales. Empezó a correr la sangre y los guardias tuvieron que intervenir para restablecer el orden.

Herméticos, mudos y cabizbajos, los locos que fueron cuerdos una tarde, volvieron a sus celdas con el alma triste y envenenada.

La noche arropó su inmensa desilusión con piedad de madre adolorida.

LA ZÍNGARA

La juventud viciosa y elegante se daba cita, noche a noche, en el antro del señor Connor donde resonaban hasta el amanecer los múltiples ruidos del jazz-band, con estridencia de tambores, címbalos y cláxones o gemían los violines histéricos de los tziganes, alternativamente, mientras la atmósfera se saturaba de violento perfume femenino mezclado a un raro aroma de salvajes orquídeas que abrían sus corolas bajo la iridiscencia de las arañas multicolores.

La gente seria o algún croniqeur que sentaba plaza de moralista desde las columnas de cualquier diario capitalino, habían calificado de antro de perversión el lujoso cabaret de Mr. Connor, rendez-vous de la sociedad más elegante y derrochadora de la metrópoli, que, carcomida de sibaritismo, acudía en busca de las nuevas sensaciones de placer que podían encontrarse, una vez salvada la puerta principal, en los salones del Gato Flaco. Mr. Connor era el más amanerado y culto maître de la capital, un sabio en cuestiones culinarias y alcohólicas.

Los habituales de su cabaret afirmaban que aquel originalísimo nombre que fulguraba, ora rojo u ora azul en la fachada del edificio, lo había escogido el dueño por su semejanza física con un gato flaco.

En efecto, Mr. Connor era alto, seco, ágil. La palidez invariable de su rostro denotaba al hombre trasnochador y disoluto; sus ojos eran azules y estriados, magníficos conocedores de los bajos fondos del alma humana y de las escorias sociales; avezados a descifrar el misterio divino y fatal que duerme en la disuelta pedrería de los licores paradisíacos.

Pero Mr. Connor no había pensado en aquella semejanza que le atribuían sus clientes con el felino, para bautizar así su cabaret. Encontró el nombre al azar, sin rebuscamiento y lo creía una verdadera originalidad.

A ratos, mientras veía, como en caleidoscopio mágico, pasar ante sus ojos escenas de vicio, de dolor y de pecado, recordaba haber leído ya en alguna parte aquel nombre célebre en toda la metrópoli...

¡El Gato Flaco!... ¡El Gato Flaco!... ¿dónde había encontrado esas palabras? El jazz band atronaba con su estridencia de sonidos y gritos;

se escuchaba el tintineo de las copas; risas, voces confusas, estallido de corchos... ¡Ah, ya recordaba! Ambulando por los escaparates, una vez leyó en el dorso de un pequeño volumen en rústica: France... El Gato Flaco. Por un capricho británico había bautizado así, cómicamente, el gran centro de placer que inauguró a los pocos días en una de las más congestionadas arterias de la urbe, y una noche, con sorpresa y admiración del público elegante, en la avenida láctea apareció un soberbio felino, ora azul u ora rojo, excepto los ojos que eran dos chispas verdes, fatídicamente fijas e inverosímiles.

El Gato Flaco fue el lugar de cita de la sociedad más chic, más fashionable, más refinada de la capital. Ofrecía Mr. Connor su amplio hall en que podían entregarse cómodamente a las delicias del baile más de cien parejas; su cantina repleta de exquisitos licores; un escandaloso derroche de luces que semejaban fantástica decoración de un aduar oriental; sus reservados, discretos y coquetones; sus nepentes que producían ensueños color de rosa mientras transcurrían lentas y graves las horas de la alta noche y las estrellas se iban extinguiendo en el cielo.

Algo había en el Gato Flaco que poseía el sortilegio encantador de los paraísos del mal; la inusitada violencia de los perfumes exóticos que invadían el ambiente y la tentación diabólica del ajenjo y la cocaína. Era Magda La Zíngara, mujer serpiente, mujer imán, mujer abismo; un gran signo de interrogación, trágico y rojo, en la vida de los habituales elegantes del cabaret de Mr. Connor.

Magda era un poema de carne morena, alta, flébil, ágil y diabólica. En sus pupilas dormían los más codiciados nirvanas y su mirada embriagaba como el champán, daba la somnolencia de la cocaína, producía un envenenamiento en la voluntad y en la sangre semejante al de una flor rara y misteriosa. Ante los ojos trasnochadores del que llegaba al Gato Flaco aparecía de súbito La Zíngara y se grababa en su imaginación de un modo cruel, obsesionante, con sus perfiles imborrables de odalisca, de mujer enigmática, invencible, fatal.

Y el gran signo rojo se dibujaba en el porvenir.

II

Magda era una cruel dominadora de la vida. Sus triunfos constantes la habían hecho cínica y dura cuando la garra de la fatalidad hería a uno de sus mil admiradores. El destino, perro servil, se mostraba bien sumiso con ella. Pasaba sus noches en el Gato Flaco envenenando voluntades y extrayendo del placer las más raras sensaciones. Subyugaba la ruleta con sus pupilas negras agrandadas por inverosímiles ojeras y su mano fina y diminuta iba amontonando *greenbacks*, mientras los *croupiers*, nerviosos ante los golpes sorprendentes de aquella mujer, cantaban las cifras inagotables. En las mesas se brindaba por ella. Desde los magistrados de venerable fachada hasta los fifíes prematuramente enfermos, le rendían homenaje. Cabezas blancas, cabezas negras y brillantes se inclinaban a su paso y mientras sus ojos diabólicos dibujaban parábolas luminosas y extrañas en el espacio, rimando con el *rouge* violento de sus labios en forma de corazón, en su oído deslizaba su frase caldeada de deseos un vicioso casi adolescente o refulgía, ofreciéndose, una gran piedra roja, azul, láctea... rubí, zafiro, ópalo, diamante, en la mano experimentada del potentado judío.

La Zíngara lo aceptaba todo, pero jamás se entregaba. Un excéntrico inglés y un joven argentino habían teñido con su sangre la rica alfombra de un discreto reservado después de inútil porfía por lograr aquel cuerpo que debía vibrar maravillosamente en las horas de placer. Un marajá, multimillonario y disoluto, le suplicaba noche a noche, con febril insistencia, hablándole de su país, de sus selvas enormes y misteriosas, de sus tesoros fabulosos, de sus regios alcázares.

Magda había visto con perversa sonrisa los coágulos negruzcos que formó la sangre de sus víctimas envenenadas por el morbo fatal de su tentadora belleza y mientras el champán le humedecía los labios, clavaba sus dos pupilas sarcásticas en los ojos ardientes del nabab que brillaban como la punta de un puñal malayo.

Magda poseía el secreto formidable de las mujeres que desencadenan tempestades de deseos en el alma de los hombres y jamás los satisfacen. Envenenaba y destruía voluntades con volubles caprichos. Provocaba, incitaba, atraía con su sonrisa, con el cuerpo que convulsionaba de mil maneras obediente al ritmo loco que le imponían con su epilepsia los ukeleles, los banjos y el alarido gemebundo del saxofón, o marcando las cadencias lánguidas que arrancaba a los violines un sexteto de músicos bohemios. Tentaba diabólicamente y cuando caían los hombres, víctimas de su hechizo poderoso, se divertía con cruel sabiduría en negarse siempre, clavando más y más el puñal en la herida, sofocando los apetitos voraces e infiltrando su divino veneno en el cerebro y en las venas de los torturados, hasta podrirles la sangre.

Magda La Zíngara no conocía el amor. No había sabido de sus ansias, de sus desvelos, de sus fiebres. Era una amazona del destino. Lo retaba con su risa vibradora como un grito de cristal. Lo tentaba a herirla en la ruleta, en su belleza, en sus caprichos. La mano oculta no tocaba su cabellera negra como un ala del misterio. La vida y la suerte se le mostraban esclavas sumisas. Todo lo tenía. Le bastaba expresar su deseo para satisfacerlo. Había aprisionado, palpitantes, los tentáculos enormes de su karma.

III

Noche de gran fiesta en el Gato Flaco. En la avenida láctea, el soberbio felino arqueado, ora rojo, ora azul, con sus verdes pupilas llameantes e inverosímiles, era una imperativa llamada al placer. Una tromba de automóviles corría hacia el cabaret de Mr. Connor. El vestíbulo, el hermoso hall, la terraza, los salones, los pasillos, se veían ocupados por una muchedumbre heterogénea y bulliciosa. Cuellos níveos de mujer, pecheras albas, regio porte de damas encopetadas, muñequitas de boudoir, incitantes, provocativas, con el pelo a la bob y un violento rouge en los labios; genuflexiones donjuanescas; bellos brummeles; potentados judíos, frívolos galanes en bancarrota. La élite social más perfumada del mundo metropolitano se apretaba desordenadamente bajo las luces multicolores mientras el jazzband rugía, gritaba desesperado en ragtime y las orquídeas se desmayaban en la terraza acariciadas por el claro lunar.

Una exclamación unánime hizo vibrar el cristal de puertas y ventanas....¡La Zíngara! ..¡La Zíngara! En la terraza amplia, iluminada por los rayos de una luna amarilla, acuchillada por el frío del amanecer, Magda danzaba ante los ojos de mil espectadores, envuelta en un traje fantástico.

Gemía en los violines una música extraña, misteriosa, oriental. El cuerpo magnífico de la danzarina erguíase soberbio y vibrante o era presa de violentas sacudidas. Sabia, muy sabiamente, Magda ejecutaba la danza Era la gran Sacerdotisa de Siva; la bayadera sagrada, la Hija del Tetrarca, dominadora y cruel. Todo el Oriente revivía en su torso elegante, en sus piernas, en los pies alados, en el cuello arqueado, en los ojos oscuros, enigmáticos, en las manos elocuentes que cumplían con el rito misterioso.

Un estremecimiento de sorpresa conmovió al público. ¡No! ¡No! ¡No!... hace frío…Os hará mal. ¡No lo hagas Zíngara! De improviso, Magda había arrojado los velos fantásticos y aparecía desnuda, escultural, hierática, acariciada por el fulgor amarillento de la luna.

Las luces del alba empezaban a iluminar las cúpulas de los templos. Soplaba suavemente un viento heladísimo. La danza se extinguía con melancólica cadencia. En el cordaje tenso de los violines parecía quejarse un alma agonizante, El alto y esbelto cuerpo languidecía…. sus miembros se volvían menos elásticos…. desaparecieron los movimientos bruscos y cuando la última nota expiró, la Bayadera se dejó caer desmayada en la rica alfombra de Damasco.

Era casi de día. El gran público sibarita se retiraba. Las limusinas iniciaban sigilosamente su marcha sobre el asfalto de la avenida. Hacía un frío intensísimo y los habitués del Gato Flaco lo abandonaban con un presentimiento agudo, como un sarcástico signo de muerte.

IV

Una lámpara alumbraba apenas el triste cuadro. En el lecho, una mujer descarnada, entre hipos de agonía, con voz enronquecida, dura y seca y un anhelar fatigoso en el pecho recibía los sacramentos. Una tuberculosis fulminante la arrastraba hacia la fosa. En el rostro flaco, en los pómulos salientes, en los labios descoloridos, no había ningún rastro de juventud. Sólo los ojos brillaban sombríos, con arcano fulgor.

—Eres absuelta de tus pecados… ¿Cómo te llamas, hija mía? ....

La voz, que era un gemido de dolor, respondió: —Magda....la Zíngara...

Y las pupilas llenas de fiebre quedaron fijas, inverosímiles, hasta apagarse en el misterio.

LA DÁDIVA

El buen Santa Claus que, a semejanza del fervor religioso y de la justicia humana, sólo es bueno con los niños que duermen en cunas abrigadas, sonriendo a los enjambres de querubines que flotan en la atmósfera violeta, se encontraba pensativo y cabizbajo en la brillante y tibia noche de Navidad.

Hacía más de mil novecientos veintisiete años que Santa Claus se encaminaba envuelto en su capa roja, acariciándose las hebras abundantes de su barba patriarcal, dando grandes zancadas con sus altas botas discretas, por el camino placentero que conduce a las residencias suntuosas donde se apagaban sus pisadas diligentes en los tapices. Año tras año, el buen viejo zalamero pasaba rozando los cortinajes y las blondas, hasta llegar junto a la chimenea ufana de su loca reverberación. El precioso gato de Angora, convertido en ovillo de nervios, roncaba suavemente, gozando de la voluptuosa tibieza de aquella estancia y evocando con perversa malicia la imagen de los gatos flacos, los gatos vagabundos que calientan sus pobres miembros entumecidos en la lumbre de las estrellas. Allí, cerca de los maderos que crepitaban alegremente, había un par de zapatitos primorosos que definían con exactitud la personalidad de sus dueños: algunos eran azules, con el suave color azul de los cielos lánguidos; otros eran rosados, verdes, lilas. Los había intactos y los había también con la punta deslustrada y el tacón hecho a un lado.

La niña modosita y la niña pizpireta; la que se ruboriza y llora cuando algún extraño pretende acariciarla y la que enseña la lengua y dice malas palabras; el bebé que junta las manos para rezar antes de dormirse y se queda calladito metido en su blanco camisón y el que se cae de través en el lecho, con las ropas en desorden, soñando que posee escuadrones de soldados de plomo y trompos con música, ambos estaban allí en aquellos pares de zapatitos. Santa Claus los contemplaba con larga ternura, como si ante él tuviese presente el milagro del amanecer en las cándidas pupilas infantiles y la gloria de las trenzas rubias.

Los contemplaba y los acariciaba con esa solicitud melosa de los cortesanos al besar el pie que anda sobre alfombras.

Y, cuando el soberbio gato se desperezaba voluptuosamente con su gracia femenina, Santa Claus dejaba caer su mano dadivosa en el fino terciopelo del arqueado cuerpo. En la pieza inmediata dormían los niños. Y mientras el hijo de María nacía en el desamparo del pesebre, el bello licor policromaba los cristales y estaban llenos de rosas blancas los jarrones chinescos y de ricos juguetes el perfumado árbol.

Por vez primera, en su larga existencia de mensajero de la felicidad infantil, Santa Claus encontraba se perplejo. A un lado, la muñeca de ojos color de cielo que dice papá y mamá; la muñeca de ojos color de noche, que no habla pero sí camina; los payasos, los tambores, los pitos, las cornetas, los sables, los soldados de plomo, las cajas de chocolates, los trenes, las gorras y las pelotas, en grandísima confusión, esperaban la hora en que el buen viejo zalamero, llevándolos en su maravillosa alforja, fuese a depositarlos en las medias y en los zapatos. Pero el magnífico anciano no se movía. Inmóvil y pensativo, su figura se recortaba como una obsesionante interrogación bajo el cielo de Capricornio. Ya brillaba sobre el pesebre, luminoso por la gracia del recién nacido, la prodigiosa flor sideral. Ya iban hacia la gruta los rústicos pastores, entonando villancicos, a ofrendar el albo vellón.

Ya Melchor, Baltasar y Gaspar, los Reyes Magos que vienen desde ignotas regiones portando el oro, el incienso y la mirra, han atravesado el Tigris y el Éufrates y cabalgaban sobre el desierto taciturno. Ya nació el Salvador. Los coros de ángeles cantan epifanías; los bronces de los santuarios repican ufanos. Los niños duermen y sueñan con los juguetes que verán en la alborada. Pero Santa Claus no se mueve.

Por vez primera en su larga existencia de mensajero de la felicidad infantil, Santa Claus se ha detenido a meditar. Tristes recuerdos han colmado de zozobras su corazón. Imágenes del dolor y de la miseria; madres prostituidas lejos de sus hijos, niños abandonados en la suciedad de los harapos; niños... niños que tiritan bajo los árboles de los parques; niños que duermen al cielo raso, en el tremendo desamparo de la orfandad.

Niños que no tienen una pelota ni una muñeca; que no poseen un escuadrón de soldados de plomo ni un trompo con música. Han pasado años, años, más años. Santa Claus jamás fue a las buhardillas ni a los sótanos. Santa Claus no visitó jamás las barriadas miserables, ni los hospicios ni las cárceles. Santa Claus debía haber hecho a un lado los bellos juguetes para llevarlos a los niños ricos. Pero también debía haber llenado su maravillosa alforja de pan y de leche para darlos a los niños pobres.

Y Santa Claus... Santa Claus... el viejo zalamero, sólo había querido congraciarse, ¡como el fervor religioso y la justicia humana!

Pero había otros niños más miserables, otros niños más tristes, más enfermos, más dignos de intensa conmiseración que los pobres golfos harapientos de las barriadas.

Eran los hombres niños. El inmenso rebaño azotado por todos los flagelos. El formidable rebaño aullante de los ignorantes y de los timoratos, de los sórdidos y de los avaros, de los codiciosos y de los hipócritas, de los farsantes y de los cínicos. El inmenso rebaño humano padeciendo múltiples orfandades: orfandad de pan espiritual, de dignidad, de justicia, de sinceridad, de nobleza.

El buen viejo, redimido por el sufrimiento que experimentaba en tales instantes, se debatía en la más inenarrable de las angustias. Una dádiva para los hombres? Un presente que nos tornase ecuánimes y generosos, desprendidos y nobles. Un presente que nos trajese sinceridad y valor.... alteza de espíritu y comprensión. El don taumaturgo que realizara el estupendo prodigio de hacer menos bestial la vida de los hombres.

Santa Claus había vivido mucho, viajado más y observado enormemente. Habíase instruido también en el pensamiento de los hombres. Recordaba muchos ejemplos y consejos saludables. Veía el alma fresca y riente del paganismo y el martirologio de los siglos cristianos. Pensaba en los Epicúreos y en los Estoicos. En las sentencias del Eclesiastés y en los festines de Sardanápalo. En las termas romanas y en las catacumbas.

Recordaba haber leído en uno de los inmensos pensadores modernos que la ignorancia y el miedo son los mayores enemigos de la felicidad. Pero, cabizbajo, mudo, perplejo, Santa Claus no dio con la dádiva maravillosa que debía irradiar en el alma de los hombres, en la Noche de Navidad.

Y después de mil novecientos veinte y siete años, el presente faltó en las mansiones de los niños ricos, que lloraron por el asombroso olvido del viejo zalamero, y faltó también en las buhardillas de los niños pobres que, al clarear el día, recogieron sus tristes zapatos rotos con la misma sonrisa de siempre, con el mismo gesto irónico y taciturno, con el mismo pensamiento de siempre......

LA MISA DE MEDIANOCHE

Lo que vio Marco Ponce
En La Merced

Doblaban en la Catedral. De las torres seculares, testimonio de aquella fe terca y honda que caldeó el espíritu de los guerreros y de los nautas de Castilla, emergía el son plañidero, alargándose sobre el panorama de los tejados rojos y de los cerros enhiestos. Melancolía gris dejaba en el corazón aquel continuo gemir de las campanas; gemido poderoso que, como llanto de hombre, llega muy hondo. Alguien se había muerto y el campanero lanzaba el badajo contra el bronce de las "mayores" cumpliendo un rutinario deber. Todos los días sube a las torres y la ciudad, de tanto oírlo, ya no se conmueve con el triste anuncio de una desaparición. ¡Lloran tanto estas campanas de Tegucigalpa!

Tienen sus horas gárrulas como el mediodía en que montan su regocijo en el anca de los vientos y se va cabalgando hacia brumosas lontananzas; pero es tan frecuente su entonación plañidera, que un amigo me decía que los bronces, con su cotidiano gemir, han contribuido de manera poderosa a crear esa atmósfera gris de tristeza, de luto, de siniestros presagios que ensombrece el cielo azul de la real villa de San Miguel. Y la capital deja de parecernos un rincón de la Andalucía mora para tornarse en una ciudad de aquellas que amaba Rodenbach, enfermo de crepúsculo, de silencio y de misterio. Desde sus nidos, en las altas torres de las iglesias, nuestras campanas, tocando perennemente a gloria, podrían alegrar el corazón de la ciudad.

Aquel llanto masculino de los bronces, en la catedral que amamos unciosamente porque se prestó a todos los gestos inquietos de nuestra infancia; porque nos ofreció su lomo para ensayar la agilidad de las piernas; su cimborrio para recrearnos con los colores del huerto; sus vidrios y sus rincones tenebrosos y su órgano para hacernos soñar; aquel gemir de las "mayores" colocó súbitamente, en la púrpura de nuestra ruidosa alegría báquica, un punto negro.

Y se habló entonces de la misa de medianoche. No de las misas negras de los íncubos y los súcubos que viven en las tradiciones medioevales; ni de los oficios satánicos que han perpetuado la fama del diabólico Gil de Rais. Esta, que parece argumento de una página abracadabrante de Villiers de L'Isle Adams, fue la misa que presenció Marco Ponce, una noche lejana de su loca niñez en que se quedó fuera de casa por el miedo a la reprimenda, después de cometer una pequeña travesura.

Hoy está muerto Marco Antonio. Su espíritu se diluyó en un crepúsculo mientras su cuerpo, su vigoroso cuerpo de hoplita, de lanzador de disco, de corredor olímpico, en los frisos griegos, yace bajo la tierra morena. Hoy ya duerme Marco Antonio. No sorprenderá más a las Vestales dormidas; no estará más en el "totem", ni captará con su ojo avizor la policromía fantástica y gloriosa de las danzas indias, cabe los teocalis; no se erguirá ya, bajo el sol radiante del trópico, acariciado por la luz de cien pupilas de mujeres hondureñas, su cuerpo de bronce, en el stadium. Ya está muerto, pero mucho antes de todo esto; mucho tiempo antes de que sintiera vibrar en su alma, hecha poesía, la belleza de nuestro lar solariego; mucho antes de que fluyesen de su astro los sonetos firmados por Pompeyo Rosas, que eran una revelación y una incógnita; mucho antes de que su ágil pluma de cronista se prestigiara en las columnas de los diarios capitalinos; mucho antes de que Manahuat irguiera su torso acerado en el poema que canta la gloria aborigen, Marco Ponce fue niño. Y su infancia, como toda verdadera infancia, traviesa, inquieta, ebria de cielo azul y de sol jocundo, llena de sueños febriles, colmada de panoramas fantásticos, turbada por presentimientos de días lejanos; y fue así que una de aquellas tardes en que aún le retozaba Pulgarcito en la memoria, con voz de niño goloso, Marco pidió la pala de batir el "nixtamal" para jugar béisbol. Ya sus ojos precoces se habían escapado fuera de la sombra de los aleros hacia el diamante donde más tarde conquistaría el laurel; v fue así que una noche de aquellas, noche blanca, diáfana, como son casi todas las noches en esta Tegucigalpa nuestra, Marco no llegó a su casa y andando, andando, fue a reposar bajo la barba cana de uno de los dos grandes Trinos de Honduras: el veterano del ciclo morazánico.

Durmió Marco mucho tiempo, tal vez una hora, quizás dos o tres, al pie del busto de aquel abuelo prócer. En el jardín solitario sólo se recortaba la figura del pequeño arquero de la fuente y los abundantes follajes de las acacias hacían más densas las tinieblas. Marco sintió frío, mucho frío y abrió los ojos dilatándolos en el hondo misterio de las calles dormidas.

La puerta de la Merced estaba abierta, escapándose por ella un raudal de luz y como el frío era intenso, Marco buscó refugio en el interior del templo, entre los reclinatorios. Durmió allí otro rato, más un rumor de voces, un murmullo de oraciones interrumpió su sueño. Sus pupilas contemplaron entonces, mientras el cuerpo recogíase temblando de miedo espontáneo, un singular espectáculo. Del lado de la Universidad, por el sitio donde indudablemente existió una puerta cuando la Merced era convento, salía una procesión de monjas, figuras blancas desfilando rítmica y lentamente delante del altar mayor. Se detuvieron allí; desde el extremo inferior de la iglesia veía Marco el grupo de fieles ocupando un gran espacio; de las albas tocas surgía aquel rumor que lo había despertado.

Cada vez más asombrado ante el prodigio, Marco vio de formarse el conjunto iniciándose nuevamente el desfile. Caminaban hacia abajo, venían hacia el sitio que él ocupaba. Si Marco no hubiera sido un niño entonces; si en aquella época lejana hubiese ya descubierto las vetas profundas de la literatura mística o diabólica o de las artes plásticas, habría pensado sin duda en las Misas Negras donde los atacados de Satanismo iban a saciar su rabiosa lascivia; en los aquelarres espeluznantes de las noches sabáticas; en las monstruosas aberraciones inspiradas por el genio del mal. Pero no. Aquel no era un espectáculo horripilante propio para ser descrito por la pluma de Huysmans. No había sacrilegio, ni blasfemias, ni invocaciones a Satán. Faltaban el macho cabrío y la hostia maldita. Las monjas estacionaron frente a los altares laterales; sus pasos no resonaban en el pavimento y Marco sólo oía cada segundo, más claro, cada vez más próximo, el murmullo de las preces. Intentó ver el rostro de las monjas, pero nunca pudo distinguir bien el de ninguna; estaban todas envueltas en algo ultraterrenal; las aislaba de él que estaba tan cerca, un velo del más allá y como se sintiera invadido por un súbito espanto, salió a refugiarse bajo la pía mirada del otro Trino, el luminoso abuelo de las pastorelas y los villancicos de miel.

Allí estuvo dormido hasta que la portera de la Merced, una señora con el aspecto de las comadres que disputan en las novelas naturalistas del siglo pasado, llegó a despertarlo. Marco contempló con ojos de asombro la enorme llave que colgaba de la cintura de la anciana y luego la puerta, cerrada herméticamente. La buena mujer, al oír el relato del niño, pensó que el frío le había trastornado un poco la cabeza.

Y fue así como en aquella tarde en que empezaron a gemir las campanas de la Catedral con llanto de hombre, oí la historia de lo que vio Marco Ponce en el templo de La Merced, una blanca noche de su loca infancia. Hoy está muerto; pero hasta hace pocos meses, refiriéndose a este relato, afirmaba su veracidad, sin saber explicarse nada. ¡Lástima de muchacho, perdido para siempre!

FANTASMAS

Nuestro amigo Heliodoro se moría. No restaba ninguna esperanza de salvación. Los que éramos sus íntimos aún a la cabecera de su lecho de tuberculoso, al que rarísimas personas arribaban, recogíamos con profunda angustia y disimulada conmiseración, los últimos resplandores de aquel espíritu en vísperas de encararse con la Suprema Verdad y que, en tan augustos instantes, se mostraba en la plenitud de su refinamiento aristocrático, sin duda por la inminencia del fin.

Cuatro o cinco compañeros del que algunos meses antes constituía un blasón de orgullo de la juventud intelectual capitalina, nos reuníamos todas las noches para velar por turno junto a la cabecera del agonizante. Llevábamos cerca de un mes de hacer guardia, reposando apenas escasas horas, pues aun cuando el sueño viniese a reponer nuestras perdidas energías, la subconsciencia trabajaba siempre y en medio de un profundo sopor nos parecía escuchar el desconcertante lamento de nuestro amigo, sus voces temblorosas y enronquecidas requiriendo auxilio o en la penumbra del nirvana forzado donde aquietábamos los nervios creíamos ver surgir el cuerpo astral de Heliodoro: una forma blanca, ingrávida y suave que vagaba discretamente en el silencio y la soledad de la estancia y que luego desaparecía pasando a través de las paredes.

Nuestra hiperestesia de artistas que profesan el culto de lo nada común y que tratan de recubrir las escenas bastardas del vicio y del pecado lugareños con reminiscencias de ambientes exóticos, se hacía más aguda con la heroica vigilia que el invariable afecto hacia un compañero en desgracia nos imponía. La fiebre, que jamás abandonaba a Heliodoro, mantenía en una espantosa tensión aquel espíritu estudioso y refinado. Nuestras noches a la cabecera del enfermo llegaron a ofrecernos momentos de verdadera inquietud, de tremenda ansiedad, sobre las que cruzaba, gélido y rápido, el hálito de la Gran Silenciosa.

Un día, a eso de las tres de la mañana, la hora fría en que los fantasmas se acercan, sigilosamente, a los lechos, García y yo hacíamos turno. Martínez, Reina y Blanco dormían profundamente, acomodados en risibles posturas sobre los escasos muebles del estudio. Diez o doce noches de continuo desvelo habían acabado por vencer nuestra obstinada resistencia y el sueño, con esa dulce y a la vez molesta tenacidad con que se manifiesta en las horas de gran fatiga, lograba dominarnos poco a poco.

En la semipenumbra reinante en la alcoba, veía descender rítmicamente la cabeza de García y a ratos se abrían sorprendidas e interrogantes sus pupilas. Así debió observarme él a mí en los instantes en que el cansancio me agobiaba. Afilado y lívido, el rostro del tuberculoso emergía de las sábanas de blanco lino semejante a un cadáver amortajado con esmero. Su fatigosa respiración y una especie de lamento gutural era lo único que alteraba el silencio. García y yo no decíamos palabra, limitándonos a cambiar miradas de inteligencia. Alumbrado muy escasamente por la mortecina luz colocada encima del velador, con aquella barba negra y brillante, Heliodoro parecía un Crucificado pronto a descender a la fosa, de la cual no había de surgir el tercero día para colmar de gozo el nardo eucarístico de su Madre, sino allá en las regiones del misterio. Observando con suma atención el bello rostro del que había sido mi íntimo amigo de la infancia y de la juventud, ví cómo se movían sus labios, agrietados por la fiebre y oí su voz velada, lejana, como emergiendo del hermetismo de ultratumba.

Heliodoro hablaba animadamente con alguien que nosotros no podíamos ver. Para cualquier espíritu vulgar aquello era un simple delirio. Bajo la impresión indomable de las tenazas con que la fiebre oprimía sus lívidas sienes, el enfermo dialogaba con seres irreales, con personas que estaban muy lejos de su lecho de angustia, con amigos de la remota edad en que se asiste al kindergarten. Rostros familiares ya olvidados volvían a llenar los huecos de su memoria. Rostros cuyas líneas apenas se insinúan v que la ceniza de la vida que se abraza ha ido ocultando lentamente.

Ante él resucitaba la amiguita locuaz y pizpireta de las guedejas negras o blondas, que en una remota primavera fue encarnación de alegría; resucitaba confiado y sonriente el compañero de los audaces escarceos juveniles y luego la faz augusta de la madre y el otoñal regazo de la abuelita y el rostro viril del padre o del hermano. Delirio. Intenso delirio producido por la alta temperatura. Pero lo que en un lecho vulgar sólo significa esa palabra (delirio) en la escalofriante y angustiosa soledad de la sala donde yacía Heliodoro, era algo más. Sí, nosotros sabíamos que era algo más. Las formas irreales, los rostros desvanecidos que Heliodoro evocaba, llegaban ante él. Estaban presentes, aunque nosotros, temblorosos y acongojados, no los viésemos.

Y era que el tuberculoso pocas veces llamaba seres vivos junto a su lecho de martirio. No deseaba la vil materia, recipiente de impurezas y ruindades. Llamaba cuerpos astrales—seres que han sufrido en un crisol purificador extrañas y definitivas transformaciones y en quienes todo es luz y verdad.

Esa madrugada, García y yo nos habíamos rendido. Mi joven amigo hundió la frente en los almohadones de un diván inmediato, mientras yo, despreciando el contagio, doblegué la cabeza sobre el lecho en que, blanco y esquelético, reposaba el enfermo. A las tres, cuando el anquilosado reloj de la catedral rendía sus cuentas, el tuberculoso se incorporó lanzando un gemido agudo. Despertamos sobresaltados. Fijas en mí estaban sus pupilas llameantes. ¡Oh, en mi vida jamás olvidaré las pupilas de Heliodoro el tuberculoso! Ardían, taladraban cual dos brasas en mis carnes miedosas. Febril, estrechó entre las suyas, descarnadas y pálidas, mi mano izquierda...

—¿Qué quieres, Heliodoro... di, qué necesitas?

Me temblaba el cuerpo mísero al articular tales palabras. Temblaba mi voz, temblaban mis extremidades, sentía levantarse electrizado mi cabello y gotas de frío sudor bañaban mi frente. No sé qué poderoso hálito de misterio llenaba la estancia. García se acercó medroso y vacilante. Hundiendo las llamas inverosímiles de sus pupilas que brillaban de modo horrendo Heliodoro que estrechaba febrilmente, desesperadamente, mi mano izquierda. Me decía:

—¡Mira... mira... mírala, Marco! Está aquí. Está en mi casa. Ha venido porque la llamé. ¿Entiendes, Marco? Porque yo la rogué, la imploré que viniese. Tú la recuerdas... ¿verdad, Marco que tu recuerdas a Lena? Yo la llamaba así... y ha venido porque sabe que voy a morir porque presiente que luego estaré a su lado... ¡Ha venido...ha venido! Te digo que ella está aquí... en esta sala... junto a mi lecho!

¿La miras Marco? ¿Verdad que hablas con ella? ¿Recuerdas cómo sonreía cuando le recitábamos versos de Amado Nervo?

> "Silenciosamente miraré tus ojos,
> silenciosamente cojeré tus manos,
> silenciosamente,
> cuando el sol poniente
> nos bañe en sus rojos
> fuegos soberanos,
> posaré mis labios en tu limpia frente
> y nos besaremos como dos hermanos".

—¿La ves, Marco? Pero no —Ustedes no pueden verla... sólo yo. ¡Ha venido... me besa… se va... Marco... dile que aún espere!

Un hálito frío: el relente que pasaba vibrando en la noche estrellada. Hasta la médula crujieron mis huesos. Vi a García vacilar y retroceder intensamente pálido. Sus ojos parecían iban a escaparse de las órbitas. Lo vi temblar. Yo también me estremecía y temblaba. Una forma blanca y leve. Una forma que apenas era forma, que era como un celaje, semejante a un maravilloso encaje de niebla, se había desprendido, se había retirado del borde del lecho en el preciso instante en que Heliodoro gemía —lanzándome al rostro su aliento de tuberculoso—. "¡Se va, Marco... dile que espere!". Aquel vapor, aquella nube, aquel encaje se volvía más inquietante, tomaba contornos. Era una figura de mujer perfectamente sensible a nuestra retina. Sí. Una mujer en plenitud de adolescencia. Una mujer de dieciocho años. En la penumbra de la estancia, apenas alumbrada por el mortecino fuego del velador, aquella figura de mujer era toda luminosa y áurea. No sabemos cómo desapareció. Quizás por la puerta herméticamente cerrada. Quizás a través de las paredes. Estábamos absortos y manteníamos los nervios en tensión espantosa. Recuerdo que dije al enfermo:

—Era tu madre, Heliodoro.

Y él, ansioso, como trepidando de una alegría mezclada de ensueño, respondió:

—¿Mi madre? No. Es Lena. Es que tú, acaso, no recuerdas a Lena. Cuando venga mi madre iré con ella.

Descansaba y, mientras tanto, temiendo que surgiese de nuevo la blanca aparición, yo hacía memoria. Lena... Lena —este nombre me obsesionaba—. Lena fue la novia adolescente de Heliodoro. Para ella fueron los primeros claveles, los primeros versos y los primeros requiebros del infortunado amigo. Yo estaba con él todas las mañanas, esperando verla salir del claustro de las monjas con su valija de colegiala bajo el brazo. Nunca supe cómo se llamaba aquella muchachita delicada y sentimental. Largas horas —en las bellas noches de mi ciudad— pasamos atisbando el balcón de la niña. Y, una tarde muy opaca y muy fría de noviembre, toda amortajada de blanco, ella se fue hacia el misterio. Heliodoro la lloró algunos días, sinceramente, así como se llora y se ama cuando la estulticia y la perversidad humanas no han encenegado nuestra juventud.

Después, la herida fue cicatrizando poco a poco. Y —en esta noche pavorosa, en esta noche en que rondaba la muerte, acechando la prometedora existencia de nuestro amigo— ella volvía, ingrávida, astral, a dejar sumidos en quietud balsámica los nervios exaltados del enfermo.

Al siguiente día, algo reconfortado con las medicinas y los asiduos cuidados que le prodigábamos, Heliodoro reprendía mi falta de superstición.

—Tú no crees en fantasmas. No crees en aparecidos. Pero no has dialogado con el misterio, como yo.

Hay que reflexionar largamente en Maeterlinck. Piensa en el Huésped Desconocido. Cuando en el inquietante silencio de una noche escuchas ruidos que no tienen explicación lógica, o cuando en las tinieblas que reinan en tu alcoba abres repentinamente los ojos y ves, creyéndote víctima de raras pesadillas, algo que se corporiza, algo que se mueve, algo blanco que semeja una gasa impalpable o un celaje, a pesar de tu valor juvenil y de tu incredulidad filosófica, te estremeces, haces un esfuerzo y sonríes; sin embargo, oprimes el switch. Pues bien, para ustedes que están sanos, para ustedes que tienen enfrente toda una luminosa existencia, el misterio apenas se insinúa, así levemente, con esas ingrávidas y rápidas formas.

¿No has sentido, a veces, cuando te encuentras dominado por sueño profundo, algo como un hálito cariñoso y tímido rozándote la frente y los cabellos? ¿No has sentido el peso de un cuerpo que se hunde junto a ti, en tu lecho? ¿No has sentido que imperceptiblemente te toman una mano y la acarician con suavidad infinita? ¿No has visto algo blanco que se desprende de las tinieblas y se acerca a ti? ¿Algo que te hace vibrar y estremecerte; algo que te llena de un miedo rápido, instantáneo, del que luego, en la claridad del día, te mofas?

¿No has oído rumores persistentes, golpes en muebles, chirrido de cerraduras, voces que no sabes cómo interpretar? Lo has oído. Lo has visto... ¿No es verdad? Pues nosotros, los moribundos, estamos tan cerca del misterio que podemos distinguir los fenómenos ultraterrenos con perfecta nitidez.

Me hablaba todo él envuelto en algo que era obsesionante y raro. En su voz parecía vibrar un no sé qué remoto, un no sé qué exento de interpretación, un no sé qué ante el cual toda mi ansiedad se extasiaba y, ante el cual, vacilaba mi escepticismo filosófico. Tentado estuve de confesar a mi amigo tuberculoso que la noche anterior todo mi coraje juvenil se había evaporado.

Heliodoro nos hablaba, con mucha frecuencia, de su madre. Confusamente, entre los vagos recuerdos de mi primera infancia, añoraba el rostro a la vez grave y amoroso de aquella inteligente y abnegada mujer cuyos ojos contemplaban agradecidos, desde el soberbio retrato que se ostentaba sobre el lecho del enfermo, los nobles esfuerzos de los amigos de su hijo. La madre de Heliodoro había volcado en el ser de su primer vástago el tesoro maravilloso de su espíritu sentimental y refinado. Alta, distinguida, un poco pálida, con una palidez otoñal de camelia, soñadora y heroica, como todas las madres, la de Heliodoro concretó en su primer varón la más decidida intensidad de su cariño. Y el hijo heredó las dotes preciadas de la madre: la inteligencia, la nobleza, la sensibilidad. Sobre todos los amores de su vida ardió siempre, en el fuego de su espíritu, aquella veneración sin mengua hacia la autora de sus días.

Y por eso, en los momentos álgidos de su prolongado calvario, nos decía enternecido y gozoso:

—Mi madre vendrá por mí. Vendrá tres veces únicamente y en la última iré con ella. Os abandonaré para marcharme con el amor de los amores. El amor más grande de la vida. Y, aunque todos lloren mi ausencia, yo iré feliz en sus brazos incansables que mecieron mi niñez. Ya ha venido una noche. Ninguno de ustedes la vio. Sí, vieron a Lena, porque en el amor de la que fue mi novia hay egoísmo. Pero en el amor de la que fue mi madre —como en el de todas las madres— ni sombra de egoísmo existe. Es callado, modesto, humilde y sublime.

El enfermo empeoraba diariamente. Su calvario no sería muy largo. Sabiéndolo irremediable, nosotros veíamos extinguirse, muy contritos, la llama de aquel que fue nuestro hermano por la juventud, el esfuerzo y el ideal. Su rostro, cada vez más demacrado, era fúnebremente bello y, podría decirse que la premura de su inevitable fin hacía brillar con magníficos fulgores la privilegiada inteligencia de nuestro amigo y que, para él, fueran familiares los rostros y las voces de ultratumba, idos definitivamente para nosotros.

Una fría tarde, Heliodoro —que sentía predilección por mí— me hablaba lenta y difícilmente:

—Sabes, Marco, que pronto voy a morir. Yo agradeceré siempre el afecto con que ustedes me han cuidado. ¡Siempre! No extrañes si digo esta palabra. Yo sé que continuaré viviendo. ¿Recuerdas a Ligeia? Pues bien, mi voluntad será más poderosa que la extinción de mi ser y volveré a ustedes que tanto me han amado.

Yo me estremecí. Heliodoro continuó:

—Todos los muertos vienen a mí. Hace pocas noches estuvo en esta alcoba mi hermana. ¿Tú recuerdas a mi hermana que falleció en 1924? Y vino también abuelita. Ustedes vieron a Lena y, anoche, cuando dormían, mi madre estuvo conmigo la segunda vez. Se sentó cerca de mi almohada, casi en el mismo sitio que tú ocupas ahora. Me acarició suavemente, muy suavemente, como sólo las madres amantes saben hacerlo y aún más las que están muertas. La hablé y la vi sonreír. Sonreía igual que en los días de mi infancia. ¡Muy luego volverá por mí... iré con ella... iré con ella, Marco...!

Sentí una angustia espantosa, doblegándome completamente. Y lloré, pues comprendí el próximo fin de Heliodoro.

Tres días después, en un lento y pálido atardecer, murió en nuestros brazos, mientras las flores se desmayaban en los jardines y en el cielo florecían las primeras estrellas. Agradecida, su madre nos contemplaba piadosamente con sus bellos ojos aterciopelados. Yo creí ver una sonrisa en los finos labios aristocráticos cuando el espíritu de ella y de él vagaban estrechamente unidos en las regiones del insondable Misterio.

EL CÉLEBRE CASO DEL ABOGADO VICENTE FERRERA

En el convencionalismo tácito que preside en la sociedad —amalgama de virtudes y de ruindades— don Vicente Ferrera fue numerado en la casilla de los hombres sensatos, de las personas de respeto, o de las gentes de bien, que para definirlo da lo mismo, ya que tales conceptos son sinónimos. De quien la sociedad no tiene noticia de que ha matado, o ha ido a visitar un hogar sin hacer uso de las puertas que dan a la calle, se dice que es una persona de bien. ¿Pecados? Quizás algunos: tal vez desempeñando un puesto público: magistrado, guardián de arcas, don Vicente Ferrera, ciudadano honorable, abogado de la facultad, alta jerarquía social, haya tenido algún desliz. Dineros de la comunidad que fueron a engrosar el tesoro propio, por arte de birlibirloque; litigios resueltos de manera satisfactoria por el recto don Vicente, gracias al argumento formidable de un cheque; veredictos obtenidos mediante el uso de expedientes oscuros. Cosas así. Pequeñeces de esa índole. Pequeñeces... que empañan el diamante de cualquier reputación.

Pero don Vicente no había roto a puñaladas ni abatido a plomos a ningún hombre; don Vicente no había escalado ningún tapial de vecino, ni tampoco había ensayado piruetas, amablemente borracho, sobre el adoquinado. Era, pues, un hombre de bien. Hurtos en las arcas públicas, prevaricaciones, deslealtades, usuras sangrientas, hábitos inveterados como el de expresarse mal de las reputaciones ajenas. Eso sí. Pero... ¡qué caramba! eso no impide ser, en el tácito convencionalismo social, un hombre honrado. ¡Guay de quien se atreviese a insinuar algo que pusiera en zozobra la honorabilidad de don Vicente! Alta la cabeza, segura la mirada, erguido el busto, el abogado Ferrera podía mostrar su corazón sin máculas. Muy adentro, los duendes rebeldes, hijos de la madre conciencia, sabían a qué atenerse respecto a la virtud del abogado. Esto en el aspecto social.

Aspecto físico: hecho según la medida común a los hombres de su edad. Cuarenta y seis años, más alto que bajo, robusto, fuerte, nervioso, con apariencia de satisfecho, mediocre, gris, mal humorado a ratos, utilitarista convencido.

Aspecto moral intelectual: en las categorías sociales, ya lo definimos: persona honorable, persona de respeto, abonada. Según Ia conseja indiscreta de los duendes que cada quien anda llevando, era: falso, hipócrita, y amigo de los pecados que se disimulan en el convencionalismo urbano. Horizonte mental: tres docenas de textos anticuados, mal digeridos en los bancos del Instituto Nacional y en el aula universitaria. Abogado de clientela, funcionario público a veces, catedrático osificado a ratos, buen sujeto. Actor de mérito en la comedia humana. Síntesis: magnífico ejemplar de simulación.

Así era don Vicente Ferrera. Después de los sucesos en que actuó como protagonista, se reveló también con rasgos no tan recomendables como esos, pero sí más interesantes. Su caso provocó escándalo, sensación, anatemas, lágrimas y, si hubiesen psiquiatras en este pueblón con música, tal decía mi padrino, ese caso de don Vicente Ferrera hubiera sido excelente para largos estudios y disertaciones.

II

Además de sus vicios y de sus virtudes el abogado tenía una hija. Enriqueta Ferrera es una muchacha de lo que llaman, antojadizamente, la clase media. Estudió en la Normal de Señoritas hasta graduarse de maestra. Sirvió un año sí, otro no, en cualquiera de las escuelas municipales de la capital. Veintidós años vividos honestamente, lejana la sombra de la caída original, con menudas preocupaciones hogareñas, anhelos y vagas desilusiones, amorcillos y besos furtivos en los cines. No es nada fea y por los días en que el espíritu del mal extendió sobre su juventud sus alas membranosas de vampiro (hace más o menos dos años) era realmente una mujer codiciable. Hija única y huérfana, vivía sola con su padre.

Una tarde, en la hora de la canícula, un grito urgente rasgó de, pronto el bochorno. A los transeúntes les dio un salto el corazón. Las maritornes acudieron a puertas y ventanas. Los chicos corrieron hacia la morada de don Vicente. Una de las mujeres, más caritativa o más escandalosa, asomó la nariz por la puerta entreabierta e interrogó:

— ¡Qué pasa!.¿qué sucede?

—¡Nada....váyase!

La dama pudo ver al abogado en el corredor de sus habitaciones, torvo, la faz desencajada, perdido su aspecto de persona seria, diríase iracundo.

Y más tarde, cuando las gentes de bien dormían plácidamente en sus confortables alcobas; rondaban por las calles los miserables y los muchachos trasnochadores volvían lentamente a sus hogares, el grito se repitió muchas veces. Volvió a rasgar el silencio. Cortaba el aire, vibrando en ondas que repercutían poderosas. Salía como de una entraña herida, como de un amor traicionado, como de un bien perdido. Y se hundía en las tinieblas preñadas de maleficios.

III

Enriqueta cosía en la máquina Singer cuando entré el abogado en la habitación. Al levantar los ojos lo vio tan extraño que apenas pudo reconocerlo,

¿Su padre? Sí, pero ¡qué aspecto! Lívido, desencajado, caído el mentón, sanguinolentos los ojos, sacudido por un ligero temblor, avanzaba hacia ella. El ojo perspicaz de un fisonomista que en tal momento anormal hubiese observado el rostro de don Vicente pudo fijar, para hacer luz en su extraño caso, los rasgos diferenciales del abogado, con la expresión nominal y agruparlos en el lugar que les correspondía. Con la excitación habían salido a la superficie los verdaderos perfiles del individuo, que en la vida sedentaria rasaban inadvertidos gracias al poder de adaptación de los simuladores. Y ante los ojos de la muchacha desconcertada y muda de pavor, apareció la faz de don Vicente, sin la máscara que la cubría en la sociedad. Los caracteres morfológicos del delincuente se acusaban ante la mirada de la joven, que desconocía a su padre. La asimetría del cráneo, aquella frente que tenía escasamente tres dedos de amplitud, la mandíbula poderosa con la amenaza de la dentadura crujiente, aquellas pupilas donde la sangre parecía clamar por la sangre... Un fisonomista no hubiera vacilado....

—¡Hoy arreglaré cuentas contigo. Vamos a saber si me respetas o no!.... ¡Levántate!

Y alzaba el puño grueso, nervudo.

—¿Qué sucede, papá? ¿Qué mala acción he cometido?

—¡Silencio, coqueta! ¡Levántate... levántate... levántate ya!

Y simultáneamente, mientras brotaba de sus labios una catarata de palabras soeces, estrujadas por los dientes rechinantes, el hombre asía de la cabellera a la muchacha —una magnífica cabellera anacrónica— y la llevaba, violenta, febrilmente hacia el centro de la habitación. Golpeándola con los puños y con los pies, dando con ella contra el suelo, lanzándola contra las duras paredes, don Vicente Ferrera cubría a su hija con un diluvio de frases incoherentes, locas, intercalando en ellas los vocablos más sucios del hampa.

Era un espectáculo monstruoso y grotesco. Un agua fuerte trazado por la mano de un artista en plena demencia. El cuerpo de la infeliz rebotaba sobre el piso, causando un sonido escueto; las piernas y los brazos aparecían cruzados por listones sangrientos; entre las ropas desgarradas albeaba la carne blanca; y en el vientre y en la espalda grandes manchas violáceas se pronunciaban más a cada golpe; las manos del hombre, poseídas de una epilepsia homicida, se enredaban en los cabellos de la mujer y aquello enfurecía al verdugo; las delicadas mallas se rompían de un tirón brutal y el dolor lancinante hacía dar alaridos a la hembra. Extraviada la mirada, con la boca cubierta de un ligero cordón de espuma, maldito, rugiente, el monstruo arrojó a la víctima contra una pared, de un puntapié en el vientre y se lanzó al corredor.

A los gritos de la mujer el vecindario se alarmó, pero pudo más el egoísmo de cada uno y nadie penetró en la casa.

Enriqueta estuvo en cama ocho días, sufriendo por los golpes recibidos. Su padre, ceñudo y hermético al empezar la semana, fue humanizándose en el transcurso de ésta y al final habló a su hija. Los labios de la mujer, medio rencorosa aún con el pensamiento negro de la tortura, se entreabrieron para disculpar al verdugo. La muchacha pensaba que aquella furia de su padre era debido a cuentos de las malas lenguas. Gente murmuradora y perversa...

Algo había entendido ella de la palabrería insana de don Vicente, cuando la golpeaba. Frases vagas, pero un suceso original: sus relaciones con Víctor Matamoros, estudiante de medicina que era su novio desde hacía ocho meses. En la tempestad de locura que durante los minutos de su angustia azotó el cerebro de su padre, el amor de Enriqueta hacia Matamoros había sido una idea central. (Así lo suponía ella). La generatriz de aquella furia demoníaca. ¿Por qué odiaba su padre a Víctor? En sus relaciones con el estudiante no hubo hasta esa fecha nada censurable. Qué habían dicho a don Vicente las lenguas viperinas del barrio?

Transcurridos veinte días, Ferrera llamó a su hija. Estaba en su bufete, ceñudo, torvo. Al llegar la muchacha, se levantó violentamente y dijo, gritando las palabras, como latigazos en el rostro de Enriqueta:

—¡Ramera... tú vives con Matamoros!.

—¡Papá... no diga eso. No es verdad!

—¡So! Voy a quitarte para siempre las ganas de ir con él.

Se lanzó a la pared, descolgó un largo foete y lo hizo silbar encima de la víctima. Dando gritos, la mujer se arrastraba sobre las alfombras, se metía debajo de los muebles, trataba de resguardarse tras del escritorio, de las sillas, de los cortinajes. Era inútil. El largo foete, manejado con diabólica destreza, la envolvía como una serpiente; le escardaba la piel; se hundía en la carne y volvía a destrenzarse en el espacio, rojo, fatídico, látigo de Satanás, dibujando rápidas elipsis, negras espirales que se precipitaban sobre la infeliz. En su rabia, el verdugo rompió un bello jarrón chinesco y las rosas blancas se tiñeron con la sangre de la mujer, sobre la muelle alfombra.

Ferrera reía, poseído de alegría satánica.

Después de ese día la demencia homicida del abogado se acentúo rápidamente. Su instinto criminal se hizo más agudo y llegó al refinamiento de la crueldad. Muchas veces la hija sufría las maceraciones de su cuerpo sin gritar. Sólo cuando él extremaba la tortura daba alaridos capaces de mover a la piedad a una roca. Cuando estaba quieto permanecía ella casi en la atonía. Se idiotizaba. Los golpes la iban convirtiendo en una pobre bestia resignada.

Ferrera no mencionaba ya en sus crisis a Víctor Matamoros. Ahora casi no hablaba. Reía convulsivamente a ratos y progresaba en su oficio. Diríase que por un proceso de metempsícosis se había alojado en su organismo el espíritu diabólico de los atormentadores medioevales, de los heresiarcas sombríos, de los monjes de la Inquisición, secuaces de Torquemada, que tan a conciencia ejercían su cargo. Trataba de inventar suplicios nuevos. Producir dolores horribles con pequeños esfuerzos; una tarde se empeñó en arrancar los cabellos a Enriqueta, uno a uno. Cuando la fatiga doblegó su brazo dio un tirón horrendo y la mujer cayó al suelo, desmayada. Aquellos tormentos refinados y atroces empezaban a hacer vacilar la razón de la muchacha.

El enfermo —porque éste es indudablemente un caso que pertenece a los dominios de la clínica mental— adquiría en las librerías de la ciudad volúmenes antiguos, sabios en hechicerías y torturas. Se apasionó por los libros de donde emana un vaho asfixiante de sangre coagulada. Gustaba de las descripciones de crímenes, de fiebres homicidas, de pasiones malditas. Cada día era más sombrío. Parecía que el rostro se alargaba, que el mentón caía más, que la mandíbula tomase el aspecto de las quijadas de los grandes criminales y brillaba en los ojos un maligno fulgor vesánico.

Atormentaba a la hija durante la noche. Las serenatas furiosas de los gatos en celo eran cortadas por un alarido taladrante y enardeciéndose los felinos hacían coro con sus maullidos. Atada a uno de los pilares del corredor, Enriqueta sufría el tormento. Muchas veces se mordía los labios, rompiendo los ayes de sus entrañas heridas.

Ferrera sentía que aquellos goces no le conmovían ya. Se iba tornando exigente. Su satanismo exasperado necesitaba algo más fuerte. Su cuerpo apenas se sacudía con el dolor de la mujer y el verdugo, falto de espasmos, se ponía iracundo. Ansiaba desquitarse. Recordó haber leído un libro, "El Jardín de los Suplicios", de Octavio Mirbeau, poderoso escritor realista y acudieron, tal una serie de prodigios a su mente anormal, las horribles torturas chinas, quinta esencia del arte. Los brujos medievales, los monjes inquisidores de almas más negras que las sotanas, se quedaban pequeñitos. ¡Los suplicios chinos! ¡Ah, el horror del infeliz a quien una rata hambrienta devora las vísceras! Ya ensayaría él aquellos maravillosos específicos del dolor.

Una noche, Ferrera llevó a su hija hasta la azotea. Enriqueta había dormido y así, casi desnuda, el verdugo la obligó a subir. Arriba, la mujer suplicó y lloró en vano. Trató de fugarse y le dio alcance, tomándola de la cabellera. Arrojó la al suelo y recorrió con ella el cuadrángulo de la azotea. Parecía una danza sabática el espectáculo de aquel hombre que hacía piruetas llevando a rastras el cuerpo de una mujer.

Ella no gritaba ya. De su pecho escapaba un sordo anhelar y sus grandes ojos negros se abrían en la soledad de la noche y de su angustia, naufragando en llanto.

Quedó un instante arrodillada en el centro de la azotea. En la tenue claridad reinante aquella noche, vio aparecer el monstruo la carne impoluta de la mártir, libre de velos. Vio los muslos blanquísimos y las palpitantes desnudeces. Y todo fue como una revelación. Por la mente enferma del criminal cruzó con lividez siniestra la idea de goces nuevos, de sensaciones insólitas, de fuentes desconocidas de placer. Se lanzó sobre ella aprisionándola con sus brazos poderosos, cuya fuerza centuplicaba el deseo insano; apretando con sus manos nervudas los muslos y las caderas; mordiendo en los senos turgentes.

Herida por la dentellada rabiosa, la mujer sintió en la carne viva de su juventud el baldón de aquellos suplicios, la vergüenza de aquella existencia, el horror de aquel deseo incestuoso. Y recobrando la energía moza que durante tantos días claudicó, se levantó, corrió por las azoteas, hiriéndose los pies, crujiéndole los huesos de frío y de pavor, flotando al aire, como un pendón trágico, la cabellera.

El verdugo la persiguió, obstinado, rabioso. Trotaba sin ver el suelo, fijos en la mujer blanca que huía sus ojos, su lujuria, su demencia y, en una de tantas vueltas, dio un paso hacia el vacío y cayó. De arriba, Enriqueta pudo ver contraerse sus miembros y luego estirarse y quedar rígidos.

¿Qué extraño caso de sadismo es éste? ¿El alma de algún inquisidor, el alma de algún poseído, encarnó en este hombre? ¡Quién lo sabe! El suceso provocó escándalo, anatemas, lágrimas y, si hubiesen psiquiatras en este pueblón con música, tal decía mi padrino, el caso sensacional del abogado Vicente Ferrera serviría de tema para largos estudios y disertaciones.

LA GLORIA

Escuchaban absortos los neófitos la palabra elocuente, el verbo lírico y gallardo del escritor consagrado. Reposando en los mullidos divanes, hacían vagar sus ojos inquietos sobre los volúmenes de la biblioteca, opulenta, rica, capaz de provocar la ira de Omar. ¡Cuánto ha leído el maestro! ¡Y cuánto ha escrito! ¡Qué interminable procesión de años desfilará antes de que nosotros podamos ufanarnos, con justicia, de haber realizado la obra de él! Esos pensamientos vagaban en los cerebros de los literatos noveles, mientras sus pupilas interrogativas seguían los gestos del consagrado y el vuelo fascinante de las imágenes que sugería su cálida elocuencia.

¡Ah, la gloria del maestro! ¡La ambicionada, la esquiva, la difícil, la inasequible! ¡Poder tratar a esa hembra orgullosa tal como lo hacía el poeta consagrado! Poder agobiarla con un despreciativo ademán y decirle encima cuatro frases hirientes. Poder renunciar a ella, desdeñar su compañía cuando ya resulta enojosa, cargante y ridícula. Todo eso lo hacía el maestro tan fácilmente. Pero la obra de él, sus cosechas luminosas, sus gavillas de estrellas literarias, su prodigiosa tarea de orfebre, duraba ya una treintena y ellos —¡los impacientes neófitos!— apenas si hacían pininos.

Sobre el escritorio, hierático, impenetrable, duro, un Napoleoncito de mármol concentraba a largos intervalos las miradas del laureado y de los escritores jóvenes. Aquel busto provocaba raptos de entusiasmo al maestro. El corso genial era uno de los fetiches de su corazón. Y Beethoven, enorme y triste, un poco más lejos. Y Goethe, hermoso, sano y feliz. El maestro hablaba de la celebridad, del eco inmortal que consagra los nombres de los ungidos después del formidable trompetazo de la fama. En los ojos de los neófitos, deslumbrados por aquella reverberación de imágenes, brillaban los rayos de las esperanzas secretas y amorosamente acariciadas.

—¡Ah! —decía el poeta consagrado— lo enojoso que resulta, a la postre, la celebridad. Miren ustedes —exclamaba señalando las revistas amontonadas sobre las mesas, los divanes y el suelo— miren ustedes mi nombre en todas ellas. Reproducciones en periódicos argentinos, mexicanos, franceses, ingleses. En todas partes mi nombre. Ya me cansa esto! Luego las autógrafas, las entrevistas, los fotograbados. Estar en todos los lugares; ser conocido por todo el mundo; que hasta los seres más humildes tengan estereotipado mi rostro en sus ojos. Cuando voy por esas calles, evocando quizás un pasaje de la Ilíada, recordando un verso de Dante o una exclamación de leopardi; cuando tal vez llevo en la mente la imagen gloriosa de una figulina de París, de una grácil napolitana o de una española cuyos ojos me hicieran delirar; cuando pasa ante mis pupilas la visión inolvidable de la Costa Azul, de las catedrales góticas o de los canales venecianos, de pronto, una triste mujer, un arrapiezo, me saludan:

—Buenos días, don Andrés.

Y los rostros bovinos, las sonrisas pueriles, la insoportable calamidad de los apretones de manos. ¡Oh, es terrible... terrible, amigos míos!

Absortos seguían los neófitos el inquieto accionar del maestro. Hierático, impenetrable, el Napoleón de mármol presidía el cenáculo. Más lejos, triste y enorme, Beethoven. Y Goethe, Darío, Nervo. El poeta laureado tuvo la honra de estrechar la mano prodigio que escribió la "Sonatina". La mano de taumaturgo que preparó bálsamos de elevación y plenitud. ¡Ah, los inmortales amigos del maestro! Lejanos, desaparecidos ya, el cisne nicaragüense, el azteca, Leopoldo de la Rosa. Honrándose con su amistad el enorme creador de la "La elegía del órgano", Lugones, Valencia. Y haciéndole guiños cariñosos, desde la inmortalidad, Hugo, Verlaine y Poe ¡Quién fuera como el poeta laureado!

Al refrescar la tarde el maestro salió con su cortejo de escritores noveles a ver el crepúsculo, a charlar de literatura, de mujeres, de arte. Erguido, brioso, arrogante, el consagrado recorría con pasos ágiles la calle solitaria y descolorida. Le seguían los neófitos pensando hurtarle en cada ocasión un poquito de aquella su universal popularidad. A tres cuadras de su habitación vieron los neófitos cómo el maestro se llevaba la mano al sombrero, inclinaba ligeramente el torso gallardo y tras una sonrisa brindaba su saludo:

—Muy buenas tardes... señora.

Angulosa, gris, hierática, contestó la aludida:

—Muy buenas... don Pancho.

¡Ah, la gloria! Tras el maestro, por la calle solitaria, iban los escritores noveles meditando sobre el enigma de la fama. Treinta años de labor benedictina, de orfebrería, de creaciones. La enorme trompeta haciendo resonar su nombre por todos los ámbitos; las revistas disputándose la firma, el rostro estereotipado en todas las pupilas, el gesto familiar de los ilustres muertos... la gloria, la ambicionada gloria y...

—Muy buenas... don Pancho.

Allá, en su cerebro inquieto, el más travieso de los noveles oyó reír discretamente al sereno abate Coignard.

DEL DOLOR Y EL PECADO

Habían bebido más de lo que es preciso para estar chirlo mirlo. Todos eran gente brava, entre lo bravo de la bohemia sentimental y anarquista; la lírica bohemia de los dieciocho a los veinte años, cuando se hacen versos iconoclastas, se fuma mucho, se bebe ajenjo y se vive nerviosamente soñando con fortunas y elegancias florentinas. En el estrecho salón de la cantina—lupanar, se cruzaban epigramas y poemas de última factura bajo un negro vapor de humo. Luis del Cid, un vicioso casi adolescente que había abierto los ojos sobre todas las promiscuidades del pecado y del dolor y que se destetó saboreando nicotina y whiskey declamaba con énfasis torturadas estrofas, de esas que destilan hiel de miseria y fracaso como las infelices hetairas que se pudren en los blancos lechos del hospicio. Rodeando la gran mesa repleta de botellas vacías y a medio vaciar, de colillas y de sándwiches, se veían hasta una docena de rostros casi imberbes, pero ajados por la vigilia y el exceso; rostros que han pensado mucho; frentes pobladas por larvas de interminables ensueños; caras de Dorian Grey, apenas adultos, pero maestros ya en el mal vivir que espanta a las gentes recatadas; cuerpos que el Minotauro de la lujuria ha ido aniquilando a fuerza de espasmos; bocas hastiadas prematuramente de tanto morder los frutos de tentación; ojos hermosos, hermosos ojos claros o profundos sumiéndose en un nirvana; perfiles aquilinos y enérgicos de luchadores griegos borrachos en las fiestas de Dyonisos; perfiles funambulescos de apaches montmartrenses. Como en un aguafuerte burlón; lacios cabellos sobre los ojos y la pipa humeando intensamente, Luis del Cid se erguía para recitar los versos del Rey Cretino, de Emilio Carrere, donde se balancean cuerpos convulsos en la plazoleta de los ajusticiados.

Silvio Rosa era el maestro de este cenáculo juvenil Silvio Rosa, poeta futurista y estrambótico; escritor original, nervioso e incomprendido que había desflorado, manchadas en ajenjo, dolorosas corolas del vicio. Silvio tenía una extraña obsesión: la de creerse enfermo, angustiado, poseído por un demonio como el Duque de Freneuse, el inmortal Señor de Phocas, creado por aquel maravilloso orfebre de la prosa que se llamó Jean Lorrain; y como su héroe predilecto, amaba las piedras preciosas; las esmeraldas, los zafiros, los ópalos lechogos, los crisopacios, las amatistas; y tenía la pasión de los ojos, los ojos con resplandores de gema.

"¡Ojos que han mirado mucho tiempo la mar ¡oh! los ojos claros y lejanos de los hombres de mar, los ojos de agua salada de los bretones, los ojos de agua dulce de los marineros, los ojos de agua de fuente de los celtas, los ojos de sueño y de infinitas transparencias de los ribereños de los ríos y los lagos, los ojos que a veces se encuentran en las montañas, en el Tirol y los Pirineos, ojos en los que hay cielos, grandes extensiones, albas y crepúsculos largo tiempo contemplados sobre la inmensidad de las aguas; de las rocas o de los llanos; ojos donde han entrado y se han quedado fijos tantos y tantos horizontes... ¡Ojos que han mirado mucho tiempo la mar!"... y los lindos ojos de flor de Willie Stephenson, la deliciosa criatura blanca como gladio, "vientre plano y senos pequeños y siempre firmes"; la frágil criatura de nuca satinada como la nuca de Ana de Bolena; esa Willie "belleza de patíbulo que llamaba a gritos la violación y la violencia" y que hacía pensar a Freneuse en los dulces y exangües rotros de las bellas damas aristócratas que Fouquier Tinville y los terroristas enviaron a la guillotina para formar en la otra vida el cortejo de María Antonieta.

¡Pobre Willie Stephensoni Un día el Señor de Phocas la sorprendió como la más descarada golfa, en un baile de arrabal, junto a una danzarina de Moulin Rouge, pagando rondas calientes a una banda de rufianes; los ojos de las estatuas, ojos de las Venus; la doliente esmeralda dormida bajo los párpados de Antino; la terrible mirada de los ojos de aquella Izé Kranile, cuyo espectro encontró más tarde el pobre señor de Phocas guiado por su diabólico compañero Ethal.

Y Silvio recitaba los versos de Remy de Gourmont:

"Bendecida sea tu boca porque el adulterio encierra,
Porque sabe a rosas frescas y a vejeces de la tierra
Y ha bebido el jugo negro de capullos y de cañas;
Y cuando hablas se oye el ruido muy lejano de las cañas
Y los labios hechos sangre cual rubíes todos luz
Son la herida postrimera de Jesús sobre la cruz…".

Y las grandes letanías de la lujuria:

"Lujuria ¡fruto de muerte del gran árbol de la vida!
Lujuria que a los sentidos brindas esplendor lozano...".

El libro enfermo, neurota, tremendamente sincero del literato francés se deshojaba sobre la tertulia juvenil como una fantástica corola negra.

II

Cuenta, dinos algo de tu vida, Silvio. Algo bello, funambulesco, macabro.

—Sí...les voy a referir una historia; una historia que no ha hilvanado mi fantasía, ni es quimera del ajenjo, ni página de Lorrain. Es una historia palpitante, sencillamente dolorosa, con la brutal sencillez que tienen todas las tragedias de la vida; la brutal sencillez de una puñalada en el corazón o un balazo en la sien. La historia que oí de labios de una meretriz que hace la danza del placer sobre el umbral de la tumba, porque el misterio se la va a tragar en breve. Ya podéis imaginar de que ha sido presa: las enfermedades venéreas ¡la sífilis! Su cuerpo frágil y clástico; su clástico y felino cuerpo que anoche tuve entre mis brazos, será muy luego pasto de los gusanos.

Todos sabían de aquella existencia desordenada y bravía del joven poeta futurista; y sabían de sus extraños gustos, de sus excentricidades, de sus aberraciones eróticas, pues sus actos estaban inspirados por el mismo demonio que atormentó al duque de Freneuse y como su héroe predilecto, Silvio amaba: la belleza del siglo XX, el encanto de hospital, la gracia de cementerio de la tisis y la delgadez... aprendices del cuerpo coreográfico, lirios de taberna, mundanas frágiles con hocico de roedor, bailarinas impúberes, duquesas demacradas, doloridas y siempre lacias; melómanas y morfinómanas; banqueras judías con ojos más cavernosos que los bandidos de arrabal y figurantas de music hall que, al cenar, vertían creosota en el Roederer; insexuales de mesa redonda de Montmartre y hasta enojosas andróginas... chiquillas de rostro anguloso, pavorosas y macabras... cloróticas llenas de afeites y de inverosímiles delgadeces.

Esta de quien iba a hablar era "un lirio de taberna", de esas adolescentes magras que prematuramente quemaron sus alas en la llama loca del pecado. Seguramente no vertía creosota en sus copas de champagne porque este champagne generoso, por caro, sólo se ha hecho para los elegantes crapulosos; pero el mismo vicio, la misma lujuria, el mismo dolor; la mueca pavorosa de esos rostros de rosa marchita cuando el cogñac quema las gargantas; la misma mirada extrávica de esas pupilas sumiéndose en el nirvana de la embriaguez; la misma sonrisa cínica de esas bocas que apestan a tabaco y a whiskey; a labios voraces de marineros que han besado a las cortesanas de todos los puertos y han sorbido la sal del océano; a labios exangües de ricos tuberculosos que van a los lupanares a echarse en brazos de la lujuria, caminando hacia la muerte; y a bocas sensuales, ávidas, inexploradas de adolescentes que llegan a extasiar la pupila sobre el gran libro abierto de la vida: el rojo libro del sexo y de las verdades palpitantes. Aquella mujer de quien Silvio iba a contar la historia desgarrante era una de esas chiquillas del barrio que el azar o la miseria arrojaron al minotauro de los lupanares; una de esas chiquillas delgadas y vibrantes que fueron buscadas por los rufianes del arrabal y explotadas por las Celestinas inmisericordes; y que en sus noches tristes, en sus sombrías noches de burdel vieron abrirse ante ellas, con muecas desordenadas, rostros congestionados por el vicio y el deseo; rostros patibularios, rostros de viejos; marchitos rostros de hombres de negocios cansados de una vida gris; rostros astutos de embaucadores, gatunos rostros de militares y rostros luminosos de juventud. Por eso la historia tendría que ser interesante.

Y Silvio principió a referir con una voz velada de lasitudes:

—La tuve anoche en mis brazos y bebimos en la misma copa. Fui casi ebrio a su cuarto y ella me embriagó de tristeza. Cuando salía, el ajenjo y el coñac se habían disipado, pero yo conservo el sabor delicioso y amargo, a la vez, de sus labios; de sus labios que su espantosa vida no ha podido marchitar; y conservo la inmensa tristeza de sus ojos, sus grandes ojos negros ahogándose en mis pupilas encendidas por la fiebre; y de sus palabras lentas, suaves, cadenciosas, fatigadas, con una fatiga larga y lacrimosa de sufrimiento, de hambres y de martirios. Podéis creer que cuando me iba refiriendo su historia, la historia vulgar y sencilla, la negra y tremenda historia de su vida, igual o semejante a muchas otras, yo me enternecí y lloré. Lloré como un chiquillo tonto o como una mujer neurótica.

No vayan a pensar que esta hembra pálida y ojerosa que anoche tuve en mis brazos y que bebió whiskey conmigo es otra Margarita Gautier u otra Manón Lescant. Cortesanas que fueron amadas por duques y lores y sobre cuyas tumbas se abren maravillosas camelias. Hembras perdidas a quienes su fin doloroso casi las santifica y que se han convertido en heroínas predilectas de las señoritas que leen, lagrimeando con la más sonsa de las puerilidades, las viejas novelas de Dumas y de Bernardino de Saint Pierre. Esta es otra heroína. Para ella no hay ni simpatía, ni lástima ni afectos. Sólo desprecio y condenación. No es creada por ningún poeta o escritor, ni la veréis en un crayón funambulesco. Es la mujer que ha vivido un capítulo de existencia trágica y oscura; una página de angustiosos gestos reales; una criatura frágil, destrozada y servida en el inmenso festín de cuervos que es este mundo. Eso es ella y nada más. Os contaré su historia en cuatro palabras, desnuda de artificio literario, como ella me la dijo, resignada y triste, anoche, en el mísero cuarto del burdel donde una banda de rufianes gruñía como cerdos y saltaban cual muñecos de aquelarre al son desconcertante de un piano desvencijado:

"Vine de más allá de las fronteras. Mi padre es un hombre riquísimo, casi millonario, de la más alta y distinguida sociedad. Mi madre, una dama bella y honorable. Somos varias hermanas: tres de ellas están educándose en colegios de Nueva York; han vivido más de cuatro años en los Estados Unidos y recibirán de herencia una verdadera fortuna. La cuarta hermana está bebiendo y hablando contigo. Cuando era casi una pequeña, adoré a un hombre; no gustó mi novio a mis padres y me maltrataron con frecuentes regaños Me internaron, me tuvieron estrechamente vigilada, pero él halló manera de comunicarse conmigo. Hui un día del internado y me fui a vivir con ese hombre. A los seis meses, el ingrato me botó. Estaba embarazada y un niño vino, muriendo poco después. En seguida, la falta de trabajo, la miseria, el hambre; no tenía casa, ni familia, ni amigos, ni un centavo. Llevé largas horas sin probar bocado, dormí en los zaguanes confundida con lustrabotas y voceadores de periódicos. Un empleado de comercio me tuvo con él varios meses, después... ¡a rodar de nuevo! me enredé con militares, estudiantes y obreros; seguí rodando; de día no comí muchas veces; de noche, estuve con todos los hombres que me buscaron; bebía con ellos como bebo contigo, y la vida me tiró, no sé ni cómo, hasta este lugar. Hace poco leí en un periódico que mis hermanas regresan después de un largo viaje por Europa y los Estados Unidos, y que mi padre va a ocupar un alto puesto en el gobierno... ministro! ¡no sé qué! y, mientras tanto, aquí me tienes".

Lloraba ella. Yo también lloraba. Nos bebíamos nuestra lágrimas mezcladas con el ajenjo. Pedimos más que tomar. Llevaron algo, una mixtura horrible que abrazaba la garganta. Deplorablemente borracha me decía.

—¿No te agrada? Eres un chiquillo. Este es el trago que prefieren los hombres que visitan la casa. Coñac, aguardiente, whiskey y otras cosas más. Es un trago infame. ... como mi vida, ¿verdad?

Haciendo una terrible mueca de asco y repulsión, vació la copa. La espantosa bebida la hizo desplomarse, inerte, sobre el lecho.

¿ Quieren algo fuerte, real, macabro? ¿Queríais algo verdadero, sin literatura, sin pose? Ahí tiene esa vida de prostituta; esa infeliz mujer cuyo padre es millonario y cuyas hermanas se educan en Nueva York, mientras ella se entrega en un asqueroso burdel a hombres brutales. Un inglés excéntrico la hubiera sacado del pantano y convertido en su esposa, como un reto audaz a la noble y vieja sociedad. Pero ésta no es ninguna novela. Es la historia de esa mujer... amarga, ¿verdad? Amarga como una cerveza cochina. Es la vida, sencilla, brutalmente sencilla y al mismo tiempo enormemente trágica; de una potencia emotiva que no encontraréis en los mejores tablados. Esa criatura que fue un día blonda y suave; sentimental y fina; esa pobre muchacha que aún no ha sido totalmente deformada por el infierno de abyección donde vive, está irremisible, fatalmente condenada. Anda llevando en la sangre los virus más asquerosos y mortales. Unos meses más de crápula y ella se pudre en el blanco lecho del hospicio. La noche era triste y fría. En el silencio de los arrabales, incubador de larvas, resonó la gran voz desnuda y vibrante.

"Bendecidas sean tus plantas porque han sido deshonradas
Y han entrado en lupanares y se vieron infamadas
Y han pisado las espaldas del que vive en la pobreza
Y han hollado la amargura, la humildad y la pobreza
Y el temblor de la amatista en el broche todo luz
Es temblor cual el postrero de Jesús sobre la cruz".

LA MUÑECA DE TANAGRA

Piaban con alegría súbita los pájaros a lo largo de la umbría alameda, cuando encontré a Margarita. De lejos la vi acercarse, ligera y vaporosa, marcando el paso sobre la hojarasca que cubría el suelo, bañándose en la frescura que brindaban las acacias corpulentas. El toison áureo de su cabellera, no sometida aún al capricho imperioso de la bob modernísima, despedía fulgores extraños. Viéndola así, a distancia, se embriagaban los ojos en su belleza prestigiada por una luminosidad supraterrestre. Un ser vivo y a la vez —rarísima paradoja— una figura deshumanizada pues los contornos eran vaporosos, indefinibles, apenas se marcaban las líneas del cuerpo. En aquel escenario, lleno de la munificencia primaveral, en la tibia sombra de la alameda, se evocaba una delicada figulina surgida del ágil pincel de un artista versallesco, animando una encantadora gavota en el Trianón florido donde los abates madrigalistas se inclinaran, en ceremonioso alarde, ante las presuntuosas pelucas empolvadas y los falsos lunares.

Yo no imaginaba que en este mundo de criaturas feas, donde imperan el trazo funambulesco de la caricatura y las siniestras tocas de los frailes de Zurbarán, existiese un ser tan delicado, una muñeca de Tanagra, que se llamase Margarita. Frecuentemente, la belleza pasa a nuestro lado sin que nos apercibamos. Aparecen, de súbito, ante nuestros ojos, líneas y curvas perfectas; rostros inolvidables de madonnas que se le fugaron al divino Rafael Sanzio; perfiles de virgen samaritana, ojos profundos que sólo hemos visto en las mujeres de la Biblia; sonrisas enigmáticas con que acaso soñáramos largamente extasiándonos ante la boca maravillosa de Gioconda; semblantes que recuerdan al inimitable Antinoo y cuerpos de una delicadeza, de una finura, de una gracia exquisita que únicamente se han visualizado en seres en quienes se realiza la magna armonía, como el Narciso de la bella fábula helénica.

Así pasan, ante nuestras pupilas indigestadas de fealdad, los signos característicos, únicos, de la belleza. Y no sabemos descubrirlos, no sabemos hallarlos, no sabemos compenetrarnos de ellos, en el momento breve en que están a nuestro alcance, quedándonos en el alma un presentimiento vago, una intuición de algo supremo, de una norma excelsa que deseamos con una porfía vana y triste, pero que está muy lejos de nuestras manos de barro.

Margarita deslumbró inmediatamente mi corazón. No digo que mis ojos porque la visión de ella no fue material, no fue sensitiva, no fue como todas las impresiones que hieren la retina. El mundo ve con sus cristales azules o negros, grises o claros; encuentra los contornos, el perfil, la línea y el color; se dá cuenta de la existencia de los seres animados o extáticos porque éstos se dibujan ante su lente y los recoje. Si yo dijera que ví a Margarita y que deslumbró mis pupilas con su belleza plástica, expresaría un concepto demasiado vulgar. Ella no vino a mi retina. Ella vino a mi corazón. O—liquidando la anatomía ella llegó a fijarse en la órbita luminosa que rodea a todo corazón sensible a las manifestaciones de la belleza. La psicología explica la presencia del alma, ya sea una noción superrealista, desligada de la carne y de los sistemas biológicos; o ya sea el conjunto de estos y el alto grado de desarrollo de las facultades intelectivas. Sin entrar en consideraciones sobre esta materia, yo creo que todo corazón —carne, nervios y sangre— tiene en derredor una órbita que es, a veces, de una luminosidad transparente, matinal, radiosa, o domina en ella la penumbra y apenas una chispa, un punto ígneo se descubre en medio de la sombra. A esta órbita es a donde llegan a fijarse las imágenes que no pasan por los ojos aunque fisiológicamente tengamos la sensación de haberlos empleado para recogerlas. Llegan como los presentimientos, como los anuncios de los clarividentes, como las vibraciones del futuro en el cuerpo atormentado de las sibilas.

En ese círculo luminoso es donde se fijan las normas supremas, las líneas y los colores perfectos, los sonidos melodiosos, las profecías y las voces del arcano, que no tienen sonoridad, que no existen, sino en los individuos predestinados a recibirlas. El mundo no. sabe de dónde sacó Miguel Ángel la inspiración para decorar la Capilla Sixtina; de dónde extrajo el Dante el fuego tremendo que anima la Divina Comedia; cómo aprisionó Beethoven el alma musical de la Décima Sinfonía; en qué región de la gigantomaquia conquistó Wagner las voces estupendas de su tetralogía; o a qué cónclave divino fue Shakespeare a pedir consejos para animar las figuras magnas de sus vastos escenarios. El mundo ignora como han surgido los Atridas y el Prometeo Encadenado; los nueve círculos infernales; Macbeth, Hamlet, Timón de Atenas; los Nibelungos, las Walkyrias y Siegfrido. No sabe tampoco en qué rincón funerario dormitaba el cuervo agorero de Edgard Alan Poe y los demonios que presidieron en las creaciones de Lorrain o de Wilde La visión angélica, el color purísimo, la nota delicada; el grito sibilino llegan del exterior o vienen desde el arcano; desde lo que está fuera de la vida universal a esa órbita luminosa que rodea nuestro corazón y ahí toman cuerpo, ahí crecen hasta que se proyectan, radiantes, sobre el plano oscuro donde la generalidad de los seres se agita.

II

Así penetró hasta mi corazón la imagen de Margarita. La encontré luminosa, irreal, tenue, con lineamientos vagos, imprecisa, como un ser que nada tiene de mundano, como una vaporosa figura de las que pintó Gustavo Doré para exornar la Divina Comedia. Todo mi cuerpo fue bañado de luz y vibró largamente, intensamente, cristal herido en la entraña harmoniosa. Mi pobre barro tuvo de súbito una transparencia indefinible en ese momento supremo. Me sentí ligero, ágil, libre de la costra de prosaísmo. Fue como si dos alas sonoras, rítmicas, cadenciosas, brotasen en mi carne. La visión pasó por mí, bañó mi epidermis y penetró mi cuerpo. Mis ojos la encontraron adentro, en un marco de luminoso éxtasis. Era la Belleza hecha carne y entendimiento y eran el entendimiento y la carne convertidos en imagen de belleza. La realización de un ensueño supremo, de una norma elevada, de un ideal que se nutrió con las blancas intenciones, los desvaríos de gloria, los sonambulismos artísticos y el dolor de las quimeras que han llenado mi vida. Ese ideal estaba ahí convertido en forma vaporosa y alba y esa forma cantaba en mi ser epifanías de resurrección.

La presentida, la implorada, la esperada en noches de insomnio y en horas de fiebre, había llegado. Aquellos contornos que apenas se insinuaban en mi cerebro, aquel perfil que fugazmente pasó ante mis ojos, aquella forma... ¡aquella forma tanto tiempo anhelada! estaba ya en mí la tenía en la órbita serena y radiosa que circunda el corazón. Era mía.

Margarita, quién sabe por qué designios oscuros, realizó el milagro que a veces causan los crepúsculos, el mar, la contemplación meditativa de los horizontes, el alma blanca y musical del surtidor, la toca monjil del invierno y el manto flordelisado de primavera. La imagen delicada, la preciosa figulina, hizo vivir en mí la Belleza la belleza inmortal que perdura en los mármoles fríos cuando hay una mano de Praxiteles o Cánova destinada a efectuar la epopeya del cincel. Porque, en esencia, la Belleza es imperecedera, eterna. Vaga, flota sobre los seres, sobre las cosas, sobre el universo, sobre la creación entera vibra en el éter y en las alturas, se extiende encima de la grandiosa desolación de los océanos, se refugia en una margarita o en la garganta del ruiseñor y en la cuerda nerviosa del stradivarius. No la vemos, no la sentimos, no la palpamos sino en ciertos instantes de fuego emotivo y creador: y aún hay pobres seres que no la conocen jamás, pues en ellos es muy reducida la órbita luminosa y no poseen más que el ojo anatómico que en poco se diferencia del ojo de la liebre o del gato. Seamos compasives con ellos.

La Muñeca de Tanagra realizó en mi ser el milagro. La rosa estética creció bajo el halo radiante de su juventud y su gracia. Las normas supremas, las líneas puras y los colores inconfundibles encontraron su cauce. Como el recuerdo más delicado de la estatuaria griega: aquellas figulinas gráciles, inquietas, nerviosas, rosadas, que fabricaron en arcilla los coreópatas del Mar Egeo, es ella. Por eso la di ese nombre.

Un día la vida rompió en mis manos la muñequita de Tanagra. La deliciosa estatuilla se hizo mil pedazos y mil artistas ante la desolación inútil de mis plegarias. Fuese de mi destino, se alejó de mis quimeras, sutil, blonda, vaporosa, tal como la encontré la mañana azul en que piaban los pájaros en la fresca alameda. La imagen se hizo también mil pedazos y mil aristas en mi corazón—fue desvaneciéndose lentamente, fue tornándose más vaga, más imprecisa, más tenue. Se hizo como una nube. Se polarizó en mil direcciones. Penetró en mi vida, en mi cerebro, en mi sangre y en mis recuerdos semejante a un perfume sutilísimo. Pasó a integrar mi ser. Confundiéndose con las imágenes de belleza que en él hay guardadas, aumentó mi divino caudal. Porque la visión es fugitiva, pero su gracia no muere. Cuando ya la imagen se ha desvanecido, su luz imperecedera hace transparente nuestro corazón.

LA MUERTE DEL BUDA

Varios años reinó en el saloncito familiar el Buda que tenía la sonrisa plácida y reflexiva la mirada. Luis lo compró en una alfarería mexicana, cuando realizaban su viaje de bodas. En medio de una abigarrada multitud de cacharros aztecas, cabe a los zarapes multicolores, el Buda de barro era una nota de exotismo. Conocíase que no se encontraba en su lugar; pero su gesto seguía siendo inmutable en el bullicio del ruidoso mercado. Cuando lo vio Luis, apasionado por los objetos raros, no pudo contener una exclamación de gozosa sorpresa.

—Mira, mujer. Ese Buda no está contento allí. Voy a comprarlo.

—Tantos objetos curiosos nos van a dejar pobres: arqueros indios, zarapes, cromos, estatuas......y ahora Budas.

—No importa, mujer. Todo eso contribuye a nuestra felicidad.

—Vamos, pues, cómpralo, hombre, cómpralo.

Desde ese día, el Buda formó parte del estado mayor que acompañaba a la feliz pareja. Cuando regresaron a la ciudad natal y fijaron su residencia, el Buda ocupó, gracias al cariño que le profesaba Luis, un sitio de honor. El marido vivía encantado con el barro que modeló un artista desconocido. Sereno, plácido, inmutable, el Buda recibía todas las mañanas el saludo cordial del señor de la casa. Estaba allí con su manto exornado de florecillas, su mirada paternal y su gesto indulgente. A veces lucía muy honorable en el centro del salón, otras veces reposaba su virtuosa existencia sobre la ortofónica y, en muchas ocasiones, era tratado con verdadero irrespeto por las doncellas, que al disponer el arreglo de los objetos enviaban al Príncipe dadivoso a cualquier obscuro rincón. Entonces Luis profundamente agraviado reivindicable en sus derechos, colocándolo en un lugar donde fuese visible para que los amigos del matrimonio, al admirarlo, interrogasen.

—Lo adquirí en una alfarería mexicana—exclamaba muy ufano—y es un objeto de raro valor. Mire qué delicadeza de formas, qué perfección! Barro azteca, amigo, barro de Tenochtitlán, modelado por un escultor indio. Aquel de más allá…pues es un arquero, un hijo de Anáhuac; quizás uno de los que derrotaron a Cortés la Noche

Triste.... ...tal vez alguno de los que llevaron en sus hombros el regio palanquín de Moctezuma. Admire usted la tensión de la musculatura acerada! Hermoso.......¿no es verdad? Pero yo quiero más a mi Buda. Fíjese usted, parece que va a decir algo. Vea la fidelidad de la expresión y la gracia en el modelado!

Luis se exaltaba hablando de su ídolo. Reprendía a las doncellas cuando decían, irrespetuosamente, "el muñeco de barro que está en la sala". Idiotas ¡Si supiesen! Cierta vez, una aristocrática dama, quinta esencia de la sociedad capitalina, señalando al Buda, exclamó:

—Ponga en otro sitio a ese "negro", Juanita; y oigamos algo de música.

El Buda recibió en plena mejilla aquel bofetón. Estaba muy señorial y tranquilo sobre la ortofónica y la señora de la casa, sin reparar en su majestad, lo dejó encima de una silla, mientras los discos esparcían en el salón sus alegres notas. Así despreciado estuvo el gran altruista hasta que Luis lo restituyó en sus derechos.

—Negro llamó al Buda ¡Vieja encopetada que no tiene noción de arte plástica... mujer ignorante y presumida!

—Cállate, hombre... eso nada vale,

—No puedo soportarlo, nena. No puedo soportar que ofendan así a mi Buda!

Tu Buda ¡vaya... parece que fuera el Padre Celestial!

—El Padre Celestial. Bah! No te rías nena. Voy a referirte la historia de ese discreto testigo de nuestra dicha. Oye: Buda, a quien adoran millones de creyentes, era un gran señor, un príncipe magnífico, enormemente rico y poderoso. Dueño de inmensos tesoros, de vastos dominios y de objetos suntuosos. En sus manos estaban el placer, la opulencia, el poderío, la majestad. Gozó las primicias de la vida y sus labios acariciaron mil veces los frutos de la tentación. Una noche, el Príncipe fastuoso, el gran señor, abandonó todas sus riquezas y sus vastos dominios y los placeres del mundo; vistió un sayal tosco, se apoyó en un báculo y se fue a predicar la serenidad, el bien, por los caminos de su tierra. Sus tesoros y sus inmensas posesiones sirvieron para aliviar el dolor de los necesitados; y las palabras de aquel mendigo caían sobre los corazones atormentados como un rocío balsámico. Hoy, el Budismo; la abstención, el renunciamiento de los goces terrenales a cambio de la paz espiritual, os la religión de millones de hombres.

—Pues yo prefiero a Jesucristo. Y la religión de mis padres. Creo que no existe otra más hermosa.

—El Cristianismo... también es sublime, nena. El Maestro quiso implantar entre los hombres el reinado del amor, de la piedad, pero la concepción primaria se alteró. La doctrina purísima, en manos de los hombres aviesos y corrompidos, se tornó un adefesio. Vinieron las simonías, las avaricias, las expoliaciones, las torturas. Los pontífices desfilan —a veces magníficos y deslumbradores— hombre de genio y de garra. La Iglesia dilata sus dominios y el pendón clerical flamea por todos los rumbos, pero muy lejos, muy lejos de la doctrina suave, generosa, altruista del Maestro.

Y así, en ese estilo, continuaba disertando el marido. La plática terminaba frecuentemente en altercado y la esposa, contrita, venía a los brazos de Luis a exponer sus quejas:

—Tus ídolos... tus ídolos que me roban tu cariño.

—Mis ídolos, recuerda, nena, que tú eres uno de ellos.

—Sí... el novelista, el Buda y en último término, Yo, tu mujercita.

—No, nena. Aquellos son los ídolos de mi fantasía. Uno colma mis aficiones literarias (el novelista era Anatole France, autor favorito del joven). El otro me brinda a veces, con su presencia, un rato de paz y de reflexión. Tú, nena, eres la diosa de carne. Alegría del hogar.

Ella sentía hacia el Buda un poco de rencor. Le veía con ojos de reto. No ocultaba su despecho. Aquel barro le robaba algo del cariño de su esposo y por su culpa Luis quería hacerse budista... budista.

¡Hablar mal de la religión de sus mayores! ¡Maldito muñeco de arcilla!

Pero el reinado del Buda, modelado en barro legendario por la mano suave de un indio alfarero, nieto de Netzahualcóyotl, iba a extinguirse muy pronto. Una noche, ajeno a la suerte que estaba para correr su ídolo favorito, Luis habíase quedado leyendo en su biblioteca. Juanita andaba por el interior. El gato de la casa, un soberbio Angora, penetró en la sala. El Buda filosofaba sobre la mesa del centro. Cerca, los jarrones japoneses exornados de rosas blancas. Allá el arquero azteca cuyos robustos hombros cargaron el regio palanquín de Moctezuma. El gato andaba por la sala, acariciante, cauteloso. De pronto, la pequeña garra rosada se enredó en el tapete de la mesa central. Haló el gato y ¡catástrofe! El Príncipe magnánimo, el gran señor altruista, el Buda de plácida sonrisa y mirada tranquila, se hizo pedazos contra el suelo. Acudió Luis y su desolación no tuvo límite. Acudió Juanita, que en su conciencia sentíase alborozada. La servidumbre contemplaba con ojos de conmiseración los restos del Príncipe.

Más tarde, cariñosa e insinuante, Juanita le decía a su esposo:

—Alégreme por la muerte del Buda—es un ídolo menos que me roba tu cariño.

Y él aún apesarado, pensando en la mañana de sol jocundo en que descubrieron al Buda, misógino y plácido en medio de los cacharros típicos y de los vistosos zarapes, respondió:

—Han muerto dos ídolos, nena. Ya no gusto de Anatole France: prefiero leer a los rusos. Ha muerto mi otro ídolo: el Buda. Recuerda que tú eres el tercero. ¡Para que seamos siempre felices, quiera Dios que nunca termine tu reinado en mi corazón!

EL AMOR DE LOS AMORES

Pudo encontrarla en una página de Francis Jammes o en un soneto autumnal de Juan Ramón Jiménez; esos eran los marcos propios para su figura grácil, para su musicalidad de surtidor, para su fragancia de jazmín. Pero en aquel año remoto, Ricardo era un adolescente que recorría en bicicleta las calles de la tropical ciudad de San Pedro Sula, sin saber nada de la melancolía de la "Pobre Cojita" y sin romantizar bajo el oro de los crepúsculos; y fue así que, bajo los destellos de este nuestro glorioso sol hondureño, en la tropical ciudad y en una mañana diáfana de esas que aprovechan las tristes lisiadas para lograr un poco de calor, descubrió el rostro de Olga, iluminado de sonrisas, fragante como las rosas y las pomas que decían la locura de sus colores en el huerto solariego.

Las lunas de doce primaveras se habían dormido en los ojazos criollos, bajo la tropical exuberancia de sus pestañas. Era pequeña, demasiado pequeña; milagro de carne trigueña, haz de luminares, escala de arpegios. Fue en la llama de sus pupilas donde hubo de encenderse la maravillosa lámpara de Aladino que descubrió a Ricardo ese misterio que llaman Amor. El escolar que soñaba con las aventuras de Salgari y de Rocambole de improviso se sintió héroe de una novela pasional. El príncipe azul llegaba hasta el castillo de la Bella Durmiente; Lohengrin iba en busca de su Bienamada retando a los celosos guardianes, que eran la parentela de la niña y las abnegadas maestras del colegio. Como los amantes de Víctor Hugo, los pequeños novios se enviaban mensajes de ternura en los balsámicos efluvios de los jardines, en el canto de los pájaros, en el sol de primavera. El ritmo con que palpitaban sus corazones era unánime, en el alborear de la sangre, ansiosa de querer.

Como todas las ciudades del trópico, San Pedro Sula tiene árboles corpulentos, provistos de follajes densos; junto a sus troncos robustos que son como arcas de fechas memorables y de nombres adorados, en un banco hospitalario, se van las horas sin sentirse; mirándose muy hondo, queriéndose en silencio pleno de contemplaciones, de timideces y de sinceridades. Así se viven esos capítulos del primer amor, llegando apenas a los bordes de la confidencia, insinuándose las caricias; cuando el beso es leve aleteo de futuros deliquios. Y se goza viendo al burgués que llena el jardín con su protocolar figura; a veces la maestra da para el gasto jovial con sus sermones de moral y buenas costumbres o la súbita alegría del aguacero que causa la fuga precipitada de las personas formales y hace estallar las risas de los muchachos.

Desde el cantar de los cantares, hasta Stendhal y Freud se han desvelado los poetas y los psicólogos tratando de explicar los misterios del amor. Ricardo no conocía ni el himno voluptuoso dedicado a la Sulamita, ni las complicadas teorías de los analistas, pero sentía en su interior algo parecido a una revolución desde que vio a Olga. Supo de las ansias febriles, de los ayunos, de las impaciencias que torturan el corazón; de lágrimas furtivas, de celos que enardecen la sangre en presencia de un rival que ha obtenido éxitos momentáneos.

La bruma de los chubascos fue disipándose; brilló con rabia el sol de los estíos; murieron en las canículas muchos huertos; se desbordó el Ulúa sobre las plantaciones, llevándose en su torrente impetuoso aldeas y puentes; incontables barcos partieron con las entrañas congestionadas de bananos; fallecieron muchos viejos y se desgarró la carne muchas veces también, en los supremos instantes del parto; día tras día llamaron a misa las campanas del templo o se quedaron mudas en el éxtasis del ángelus; y mes tras mes, hasta las pruebas finales, las notas de calificación hicieren encenderse en rubores de vergüenza o de alegría el rostro de los escolares; al vestido de las niñas se le aumentó una pulgada hacia abajo, sobre las rodillas y para arriba, hacia la garganta; la maestra extremaba su severidad en la cátedra de moral y buenas costumbres; algo raro sucedía a los muchachos que a poco hablar ahuecaban la voz, enriqueciendo. Diríase que los soles picaban con más fuerza en la sangre, loca de palpitar....

Habían transcurrido dos años. Ricardo sabía muchos detalles de la vida de Olga. Había nacido en Guadalajara de Jalisco; en la tierra mejicana de los jarabes y de los nopales. Bailaba admirablemente; era una fiesta verla bordar "El Relicario" y una dicha contemplarla vestida de tehuana. Tenía un padre que se había batido en las líneas de Torreón, cuando los "dorados" de Pancho Villa, mandados por Rodolfo Fierro y dirigidos por Felipe Ángeles asaltaron la ciudad del norte; el señor feudal de aquel quimérico castillo donde habitaba la

Bienamada, vino a Honduras buscando una tierra cálida en afecto hospitalario para sobrevivir en el exilio; su deseo de abrirse un camino, fue a probarse en las selvas impenetrables de la Mosquitia hondureña, donde crecen árboles que son un reto al cielo, se despeñan torrentes que estremecen la tierra con sus rugidos y hay innumerables parajes que sólo han sido marcados con las huellas del puma y del tigre o los anillos de las grandes serpientes. Transcurrían los días; la corriente impetuosa del Patuca llevaba aguas abajo las enormes trozas de la concesión maderera, hasta que llegó el final de todo aquello; el adiós a la jungla hondureña, a la comarca virgen reservada al celo del porvenir; a los ríos desbordados, a las lagunas donde los zambos marcan el ritmo de su vida primitiva con el monótono batir del remo.

Olga sabía muchas cosas que adornaban la figura de Ricardo, dándole a veces el prestigio de un héroe juvenil surgido de los cuentos ilustrados de Calleja, que se leían a hurtadillas de las severas preceptoras. Cuando era apenas un niño mimado vivió en las riberas del Mississipi, cantado por Chateaubriand y en Yucatán donde floreció la civilización maya. Estuvo algún tiempo en el colegio de "'Soulé" hasta que su familia creyó conveniente repatriarlo. Vino a Tela, el puerto nuestro que parece un rincón del archipiélago malayo y de allí, su señor padre, sumamente disgustado por su conducta en el colegio yanqui, lo envió a San Pedro Sula, sometiéndolo a estricta vigilancia. Ahora sólo le era permitido escapar al puerto para gozar en la serenidad de aquellas tardes en que tripulando un balandro se iban con su hermano José, mar adentro, a robarles su botín a los pájaros que asaltan las "pesquerías".

Su tiempo lo había consagrado casi todo a Olga: verla en la mañana, furtivamente, antes de ir al baño; encontrarla en el campo de basquetbol para alejarse con ella del grupo bullicioso de las amigas, buscando una sombra amable, donde conversar a solas y soñar, soñar mucho en las noches de luna, cuando el Ulúa es un fantástico caudal de diamantes. Así pasaban los días y en cada mañana surgía un nuevo pétalo en el rosal de sus amores.

Una tarde, en el muelle de Puerto Cortés, Olga agitó mucho tiempo su pañuelo, mientras allá, sobre la remota línea del horizonte se borraba la estela de un barco, que llevaba a Ricardo hacia la ciudad de los rascacielos.

II

¡Olga! ¡Olga! Veía su rostro iluminado de sonrisas en los vidrios de los lujosos escaparates, en los anuncios deslumbrantes de la ciudad feérica, en el cielo de Nueva York, que no han logrado alcanzar las babeles de acero y de cemento, en las aguas del Hudson....en todas partes. Y en todas partes también, a cada segundo, con la regularidad de un cronómetro, se repetían las sílabas de la palabra mágica. No era duro el trepidar incesante de los trenes, sobre su cabeza y bajo sus pies; ni estridente el ruido de los jazz—bands, ni agudo el grito múltiple de las sirenas, porque todas aquellas voces, todos aquellos sonidos, aquel rumor eterno en el tiempo y en el espacio, decía en sus oídos una y otra y mil veces....¡Olga!¡Olga! a semejanza de una letanía, de un ritornelo, de un batir de olas en los acantilados de su costa hondureña; la costa del trópico, donde el plenilunio acaricia bosques de palmeras o de manglares; un batir de olas pleno de las voluptuosidades recónditas del mar.

Mientras recorría, a veces a pie, enormes distancias de la urbe polifacética y trepidante, el rostro de Olga le precedía siempre. Iba por las avenidas, empujado, atropellado por aquellas gentes que viven estrujando cada minuto; se detenia frente a los escaparates, penetraba en las cafeterías, en las fábricas, en los bazares; transitaba por los barrios de los judíos gozando en la promiscuidad bulliciosa y farandulera de estos comerciantes incansables; alargaba sus paseos por Harlem, por el Bowery, por los muelles. Y también veía reflejarse su imagen en los vidrios de los Roll—Royce que atravesaban Park—Avenue; lanzaba sus miradas tímidas a las residencias de los millonarios de Riverside; veía hundirse el sol desde la tumba de Grant y aparecer las primeras estrellas sobre la Libertad y el mar sintiéndose invadido por una debilidad creciente, debida a la falta de alimentos.

Como una vez en "Soulé" Ricardo había vuelto a portarse mal en Nueva York y al finalizar el segundo año de high school causó un serio disgusto a su señor padre, quien decidió suspenderle su pensión Y como los músculos duros, la fibra humana del muchacho; sus veinte años gárrulos, su estómago voraz como de chacalote; su corazón que saltaba con la agilidad de un funámbulo y su fantasía veloz cual un tarahumara no le permitían realizar aquel gesto de resignación heroica de una muchacha hondureña educada en la Universidad de Columbia, que se batió contra el hambre devorando manzanas durante varios días para no abandonar sus estudios dejó el colegio resuelto a hacerse hombre en el yunque de la moderna Babilonia, donde la necesidad, la miseria y el ayuno forjan los cíclopes de esta edad contemporánea.

Cuando ambulaba por los muelles de Nueva York venían a su memoria anécdotas de muchachos hondureños, perdidos en la vorágine, sin un centavo, sin un bocado. Se decía de uno que estuvo pescando para alimentarse, hasta que un magnate, compatriota que regresaba a Honduras, lo recogió extenuado reintegrándolo a su hogar; otros que vivían explotando la pequeña vanidad humana de lustrar el calzado; otros que iban a recibir sopapos hasta quedar inválidos en los rings de entrenamiento de los boxeadores de segundo orden; algunos que encontraban la manera de subsistir «sableando» a los paisanos crédulos ingresados recientemente; más de uno que andaba enredado en los líos de los bootleggeres; varios conocidos que cayeron apaleando nieve y muchos más que hacían de lavaplatos en los restaurantes. Todos estos heroísmos anónimos, para ganar el combate diario, la escaramuza mortífera, en la gran batalla de aquel vivir de desamparados, en el que era preciso vencer o morirse.

Transcurrió así el tiempo hasta que Ricardo dio con un empleo. Y después de dos años sentíase feliz, absolutamente feliz, aunque a veces el hielo le penetraba en las carnes. Satisfecho porque había vencido a la urbe monumental y poliforme; aquella vorágine donde tantos desaparecían sin dejar huellas; aquella Nueva York, pulpo inmenso que tragaba vidas sin cesar. Él la había domado. Ahora ya no temía caer sin sentido en la vía pública y quedar transformado en un nudo de carne sanguinolenta y de astillas de huesos, bajo las ruedas de un bus. La metrópoli coruscante y faraónica se le entregó toda, como una amante rendida, cuando él olvidó su timidez de enamorado primerizo para lanzarse a la conquista de sus razas, de sus calles, de sus sótanos, de sus rincones tentadores. Ya no eran un secreto para él los speakeasies, donde probó el alcohol de madera, moonshine infernal que le carbonizó las entrañas; detestable licor que en nada se parecía al de su tierra, puro y fuerte, que revuelve la sangre en locas burbujas; ni eran una leyenda los paraísos artificiales porque fumó marihuana en una noche inolvidable; ahora no temía la promiscuidad de los subways, donde se encontraba con tipos de variedad fantástico, ni le causaban vértigo las alturas desconcertantes de los rascacielos; gustaba de confundirse en las marejadas de las avenidas y de los restaurantes donde se mezclaban la jerigonza de los judíos y de los checos con la pesada articulación de los teutonés; donde sonaban canciones napolitanas, monosílabos de orientales, silbatos de policías y mil ruidos enloquecedores....

En "La casa de los marineros", lugar a donde iba. a dormir, dados sus escasos recursos, vivió Ricardo un capítulo de las novelas de Salgari que le apasionaron en sus diez años. En aquel salón enorme, mal alumbrado, donde se amontonaban deshechos de todas las razas sintió la inquietud de viajar; volvieron a sonar en sus oídos los nombres fantásticos de las escalas de Oriente: Singapoor, Ceilán, Shanghai, pero era necesario dormirse para estar listo a saltar al primer campanillazo y cumplir con su obligación cotidiana. Después de que la metrópoli se le rindió, el muchacho hondureño amó sus detalles, sus ídolos, sus intimidades. Sentía pasión por las hazañas de los "gangsters", por Al Capone y los jurados sensacionales; era su fetiche aquel pujante Jack Dempsey; y el rostro de Norma Shearer lo sumía en el ensueño. Nada secreto le reservaba la urbe porque él la conocía en todos sus detalles, desde los «elevados» trepidantes, hasta los ocultos subways; desde los antros de los barrios bajos hasta las terrazas de Wall Street; era suya la urbe con el rumor gigantesco de sus martillos, los chirridos de sus poleas, el alarido simultáneo de sus sirenas y el jadear de sus motores. Suya la urbe desde los ojos claros de las girls millonarias hasta la carne mercenaria saboreada en largas noches de crápula....

Algo raro había en su vida. Algo que tenía el prestigio de un sortilegio; muchos Ricardos habían muerto, sucesivamente, en él; sólo era un recuerdo aquel chico que se subía a los cocoteros en la playa de Puerto Castilla; sólo era un vago fantasma aquel muchacho azorado frente al mar inmenso que lo esperaba cuando abandonó su tierra, enviado a "Soulé", a principiar sus estudios; había desaparecido también el estudiante de high school que se llenaba de congoja viendo las calles de la urbe. Tantos seres, tantos lugares; un mundo entero falleció para él en esas fases sucesivas de su desarrollo; y ahora que estaba en plena juventud; ahora que se sentía con la arrogancia de un dominador, frente a la metrópoli entregada y palpitante, le causaba sorpresa que ¡Olga! ¡Olga! aquella mujer pequeñita y bruna siguiera aferrada a su vida, presente en su recuerdo como si no hubiesen transcurrido tantos años desde aquella mañana remota en que la descubrió entre las rosas del jardín.

Una noche, mientras dormía entre inmigrantes polacos y marineros italianos, Ricardo sintió eso que los novelistas llaman "nostalgia"; quería ver el mar azul donde gozaba en las tardes serenas en compañía de José; quería oír el arrullo de las palmeras de su costa; quería a los suyos, a Olga....a ¡Olga! y repetía la melodía de aquel nombre mientras iban esfumándose los rascacielos; mientras desfilaba ante sus ojos el bellísimo panorama de La Habana; mientras se acercaban a la costa de Honduras....

La vida siguió su curso ordinario y gris. Ricardo acogióse al regazo maternal de Tegucigalpa, sin ver de nuevo a Olga, pero dedicándole las puras devociones de sus recuerdos; sus buenas intenciones, sus propósitos de enmienda, después de una copiosa vendimia en la que fue la sangre una llamarada. La amó mucho; quizá sea éste su primero y único amor —el amor de los amores. Su ágil corazón y su fantasía veloz tal vez lancen de nuevo sus veinticinco años pletóricos de savia en busca de la castellana de su quimérico feudo, con la impaciencia febril con que recorría a pie enormes distancias, en Nueva York, para asistir a un jurado sensacional, ver a un personaje mitológico o para encontrar una colocación en aquella vorágine donde se forjan los cíclopes de la era contemporánea.

Y es por eso que la historia se queda trunca como los idilios de adolescencia; como las vidas de los hombres, cortadas por la muerte, en plena ascensión; a semejanza de esas columnas de mármol que simbolizan una gloria no lograda....

LUNA ROJA

La lluvia caía cual maravillosa eclosión de espigas plateadas sobre las sábanas verde claro circundadas por la masa sombría y ululante de pinar. En el centro de la altiplanicie, rodeadas de naranjos y limoneros, con sus patios llenos de sol y luciendo vistosos emparrados de campánulas y jazmines silvestres, aparecían más de una veintena de casitas blancas. El río cortaba la meseta deslizándose perezosamente entre eucaliptos y liquidámbares que erguían sus altas copas a lo largo de las riberas.

Poco a poco la lluvia fue cesando. Principiaban a verse grupos de pinos, relucientes después del baño vespertino y las moles oscuras de los cerros se embrujaban en espesas neblinas. Las sombras de la noche cayeron lentamente sobre la verde altiplanicie y una infinidad de puntitos de luz brillaron en medio de los crujientes ocotales.

Encendida la lumbre en el patio de la casa; en cuclillas frente a los leños que crepitaban alegremente, se fueron agrupando los mozos de la dehesa y las jóvenes hembras para oír de labios del "Viejo", fantásticas narraciones de la selva, allá en los tiempos en que el pinar sombrío estaba poblado por miles de fieras rugientes cuyos alaridos se quebraban en los negros abismos.

—Y era una noche más obscura que una cueva. Tarde apareció la luna sobre el ocotal. Viéndola, todos temblábamos. Estaba roja....roja. Creíamos que los pumas y los tigres bajarían desde la crudeza a los valles. El ganado iba y venía inquieto por la sabana. El crujir de los ramajes parecía siniestro. "Padre, decíamos nosotros, mira la luna....hoy ocurrirá una desgracia". Cuando todos dormíamos, las fieras bajaron rugiendo. Pero no los tigres ni los pumas, sino los indios de las aldeas cercanas, enemigos nuestros. Todo lo arrasaron: hombres y mujeres; siembras y ganados. Grandes lenguas de fuego se alzaron hacia el cielo y la luna se hizo más roja, como si toda aquella sangre la hubiese pringado desde abajo.

Recostada en la mullida hamaca y sintiéndose acariciar por el fresco viento de la noche, saturado con la fragancia de los bosques de coníferas, Alicia oía con honda delectación las narraciones del "Viejo" como en la infancia los cuentos de Barba Azul.

—Era un terrible y soberbio animal. Nadie conocía otro más hermoso en cien leguas a la redonda. Medía más de un metro de largo. Cuando, desde lejos, veíamos fosforecer sus pupiles, pensábamos que eran dos llamas. Todos le temíamos y él hacía peores destrozos en los ganados. Un día, Mauricio, el padre de Andrés Molina, fue a buscarlo. Quería que el tigre lo hiciera pedazos con sus garras porque Anarda, la más linda muchacha del lugar, le dio calabazas; y Mauricio regresó con la luna nueva trayendo a la grupa el cuerpo ensangrentado de la fiera. Le metió una bala en el ojo después que aquella lo hizo rodar de un zarpazo. Enterramos al hombre a los cuatro días, pues había traído el pecho roto en jirones; y la piel estaba allí, hasta que un gringo la compró. Era una piel que valía mucho. Lustrosa, brillante, como terciopelo. Daba gusto contemplarla.

Alicia soñó aquella noche con la enorme y brillante piel. Sus manos blancas acariciaron la cabeza hermosa y feroz; la garra afilada y sanguinaria que tanto pavor infundía en el corazón de los montañeses, duro como el corazón de los ocotales centenarios.

Frente a la lumbre, en noche serena, decía el "Viejo".

—Cuentan que otro enorme tigre, hermano del que Mauricio mató, entró un día dentro del rancho de aquél, en la roza de la montaña y devoró a su mujer. El hijo de Mauricio dormía sobre un jergón, a un lado de la puerta. Cuando los labradores acudieron a los gritos desesperados de la mujer, era tarde. El animal había huido. Al saltar, una de sus manos cayó sobre el pecho de la criatura. El hijo de Mauricio conserva aún esa señal. Nadie lo conoce sino por "El Cachorro". Andrés jamás ha hablado de su hermano. Vive éste en la montaña, junto a las bestias que lo criaron. Alguien que lo vio dijo que es hermoso y fiero.

II

Un día de noviembre vieron al "Cachorro" deambular, diríase aturdido, por los senderos que cruzan la meseta y quedarse largo rato, como fiera que olfatea su presa, frente a la casa del "Viejo". Alicia habíase levantado sobresaltada de la hamaca yéndose hacia el interior toda medrosa y pálida, sintiendo que aquellas pupilas encendidas por la fiebre le quemaban la piel. De noche tuvo sueños absurdos; extrañas alucinaciones. Se veía desmayada sobre la silla de montar del 'Cachorro"; se veía atravesando con éste en desenfrenada carrera, por los ocotales negros, por los riscos escarpados. Contemplaba su cuerpo desnudo y blanco, bañado por el fulgor de la luna roja y al "Cachorro" inclinarse sobre él, besarlo con rabia, con amor salvaje, con inusitado brío. Ella era mujer de aquel hombre, nacido y creado, como las fieras, en el corazón de la montaña cruda ... "¡Yo .. la mujer del Cachorro!" y al despertar, dando un grito agudo, se sintió rodeada por la selva negra cuyo silencio rompía el aullido siniestro de los coyotes.

Alicia había llegado dos semanas antes, a respirar el aire puro de la montaña, gozando de sus vacaciones; y fue muy feliz en la remota aldea hasta el día en que sintió las pupilas de fuego del "Cachorro" quemar su piel y se vio en sueños presa de sus fornidos brazos. Entonces una obsesión verdaderamente rara se apoderó de su mente. Sentía miedo de aquel hombre y, a la vez, quería verlo de cerca, hablarle, tocar la huella impresa en su musculoso pe—cho. Y un día, cuando menos lo pensaba, se realizaron sus deseos. Mientras reposaba tendida a la sombra de los pinos, el hijo de Mauricio surgió ante ella, de pronto, sin hacer el menor ruido, como caen los plantígrados sobre sus presas. Le había hablado, le había visto cara a cara. Con voz robusta, enternecedora, él le dijo: ¡No tenga miedo, señorita... no vengo a hacerle ningún mal!". Y lo encontró casi hermoso, se sintió fatalmente atraída hacia él, hasta palpó con sus manos blancas las cicatrices profundas que en el pecho del muchacho dejaron las uñas tajantes del felino.

—Mi padre cazaba los tigres en la montaña, en sus propias cuevas, a rejonazos. Yo he jurado matar al que devoró a mi madre. Lo conozco bien. Una vez los labradores me lo enseñaron. Y lo mataré, señorita. ¡Por Dios que sí! Siempre hago lo que quiero, sin duda porque soy hermano de las fieras. Los de allá abajo dicen quién sabe qué historias de mí. Son unos brutos... y me temen...¡Como si yo en realidad fuese un cachorro! Si no voy a vivir a la aldea es por que más me gustan las cañadas y los picos de la montaña. Aquí, en la crudeza, somos más fuertes y más listos!...

Alicia pensaba que el "Cachorro" había jurado también hacerla su mujer y esta sospecha se acentuó con las idas y venidas del sujeto por las veredas inmediatas a la casa del "Viejo". Un día, la joven dispuso regresar a la ciudad, pero con gran sorpresa suya, algo que no acertaba a explicarse, la retuvo en el lejano villorrio…". ¡Se diría que estoy enamorada de ese hombre…vaya, bonito había de ser!", pensaba

Alicia, con sarcasmo; y, sin embargo, su conciencia no estaba tranquila. ¿Por qué, sabiéndose en peligro, no se marchaba?

Pero al "Viejo" le entró miedo y un día resolvió ir a dejar a la joven al vecino pueblo, acompañado por Andrés Molina y tres más. De improviso, cuando atravesaban una espesa cañada de robles y encinas, sonó un disparo, luego otro. Dos hombres rodaron al suelo y Andrés, al volverse, machete en mano, se encontró con los dos cañones negros de la chacha del "Cachorro", quien le decía fríamente: "Apártate o te mato. Llevamos la misma sangre, pero las fieras no conocemos hermanos". Y mientras los otros hombres se quedaban inmóviles con la sorpresa, el "Cachorro", llevándose a Alicia, más blanca que un papel, tan pálida estaba, metía las espuelas en los ijares sangrientos de su caballo y se perdía en la espesura, dando al viento todo el rendaje, sobre los pavorosos abismos.

III

El sueño fantástico de Alicia se había realizado. Ella era la mujer del "Cachorro". Después de breve lucha, allá en el rancho enclavado en un picacho agreste, como bravío nido de águilas, la joven se rindió en brazos del osado raptor. Y después de creer que lo odiaba, en los primeros días, fuese acostumbrando poco a poco a no desesperarse y encontró encantos en la vida primitiva de la montaña. Él se mostraba bueno, sumiso, siempre amoroso. La caza más preciada caída bajo el plomo de su escopeta era puesta a los pies de Alicia. Venados y liebres, tigrillos y lobatos que se cruzaban por la selva eran llevados por el "Cachorro" al rancho para hacer festín con su mujer y para adornar las paredes con las lustrosas pieles; y la joven recibía como presentes las aves más bellas y más raras de las alturas y las prodigiosas orquídeas que crecen entre peñascos. Alicia despertaba de madrugada, cuando un alegre coro de gorjeos llegaba hasta sus oídos. Era una maravillosa diana: se distinguían las voces melifluas de los oscuros jilgueros, de los zenzontles y de los zorzales y luego un griterío inarmónico producido por toda clase de aves refugiadas en los follajes umbríos; a ratos, el chillido agudo de los monos la hacía sobresaltarse y no dejaba de temblar cuando repercutía, lejano pero poderoso, el rugido de los tigres. Al medio día, disipadas por completo las neblinas, Alicia se extasiaba contemplando los paisajes majestuosos de la sierra. Nada podía compararse con ellos en grandiosa variedad y en colorido estupendo. Las más altas crestas rompían la línea del horizonte y sus perfiles borrosos se confundían con el azul del cielo; se veían enormes precipicios donde se deshacía como luminoso polvillo el agua de las cascadas; en las tardes de lluvia los arcoíris primorosos aparecían sobre la montaña; y la vegetación, rica, frondosa, llena de savia, de vida, con espléndidos matices, se perdía en el remoto confín. Por la noche, a veces, una luna hermosísima bañaba con inusitado fulgor todo el paisaje.

Un día el "Cachorro" fuese taciturno y sombrío. Mientras cargaba la chacha y ensillaba el rocín, dijo a Alicia: "He visto al tigre que devoró a mi madre. Es viejo, pero bien armado. Has dicho que quieres un de esas pieles. La tendrás. Hoy y si no mañana, regresaré con él". Y se había perdido alejándose en medio de las lianas, por los ásperos guamiles, bajo las encinas y los liquidámbares frondosos donde las guacamayas lucían su vistoso plumaje y los monos despertaban la selva con su estridente grito.

Seis hora: después de haberse ido el "Cachorro", muchos hombres llegaron hasta el bravío nido de águilas. Eran los hermanos de Alicia, que con un destacamento de la gendarmería montada, habían ido a rescatarla. La mujer nada dijo, pero rogaba interiormente a Dios que el hijo de la selva tardase en volver, pues los gendarmes se apostaron tras los peñascos para ultimarlo apenas llegase. A la caída de la tarde apareció por un escarpado sendero, en dirección al rancho. Sobre el arzón traía atravesado, chorreando sangre aún, el cuerpo de un soberbio felino; la chacha terciada en el hombro, el machete al cinto y recogido el rendaje. Alicia lo contempló un momento mientras se acercaba; bajo el ancho sombrero se veía el rostro moreno, pero hermoso, extraordinariamente enérgico, con una expresión que en los momentos de ira debía de ser terrible; y, al descubrir las bocas negras de los fusiles apuntados contra él, la mujer gritó... gritó estremeciendo toda la selva; su alarido de dolor, arrancado a lo más profundo de las entrañas, fue a quebrarse muy lejos, muy hondo, confundiéndose con el trueno de una súbita descarga.

Varias balas rasgaron el aire silbando. El "Cachorro", con inaudita rapidez, a pesar de estar herido, se arrojó al suelo y en dos saltos prodigiosos llegó hasta Alicia.... ¡Me muero, mujer...sólo así podían cazarme estos bandidos..! A traición! Mira... querías una piel de tigre... aquí la tienes... fue el que devoró a mi madre... estos bandidos robarán la mía. Y luego, mientras la palidez mortal iba cubriendo su fiero y hermoso semblante y Alicia, arrodillada, sentía fluir el raudal caliente de su llanto: ¡Me quieres!... ¿Verdad que me quieres? Yo lo sé… lo supe desde el primer instante, cuando me huías, lloras por mí... porque me han herido... porque voy a morirme y me dejarás sólo, bajo una cruz, en la montaña... ¡Adiós Alicia, muero feliz porque me quieres!

Y la luna trágica aparecía sobre un lejano picacho, roja como una gran herida de pasión y de locura, abierta en el vientre prolífico de la naturaleza.

LA WALKYRIA

En el corazón de Honduras, situada en un pintoresco valle de horizonte limitado por las agudas crestas del ramal andino, se encontraba la grandiosa hacienda La Mansión, cuyo dueño era el rico terrateniente don Prudencio González, arquetipo de una casta adornada con las antiguas virtudes masculinas del amor al trabajo, la probidad, el respeto al nombre y la propiedad ajenos; y la fortaleza de ánimo y de cuerpo. Como en las lejanas épocas de la égloga, "el patrón" era un hombre más viejo que joven; luenga barba de plata, ancho tórax, piernas firmísimas, robusta fibra muscular y voz muy llena. Sabía ser generoso a la usanza de los varones fuertes y sencillos. Las gentes de la dehesa le amaban, porque jamás usó malos tratos ni tacañería al pagar los realeos. Sus vecinos le respetaban y en más de una ocasión fueron en demanda de sus prudentes consejos.

Cuando joven, bien pudo haber sido uno de los pastores que desfilan cantando villancicos en la literatura del Padre Reyes. Viejo y lleno de experiencia sana, era el patriarca de la numerosa grey que cobijaba su existencia bajo los aleros de La Mansión, escudándose del hambre producida por las malas cosechas, en la magnificencia del terrateniente; y de las acechanzas del Maligno que ronda por los campos, mediante las pequeñas cruces renegridas por el calor y las lluvias, que remataban el caserón de don Prudencio y las humildes champas de su yate que diseminadas en derredor de aquél, ofrecían semejanza con una apacible ciudad de nacimiento pascual.

Aun brillaba hacia el Oriente, como enorme diamante, el lucero de la mañana, cuando ya la hacienda despertaba con el mugir vigoroso de los toros y la confusa algarabía de las aves de corral. Un pequeño mundo de peones y mujeres se dedicaba a múltiples faenas, hasta que todo volvía a quedar en silencio y sólo los perros taladraban el espacio con sus voces de alerta.

Inmediatos a la casa se encontraban los espaciosos corrales de ordeño; las caballerizas y las pocilgas. Gran número de árboles frutales que periódicamente exhibían la apetitosa madurez de sus frutos y algunas enredaderas, daban sombra al patio, convirtiéndolo en lugar fresco para reposar en las horas de bochorno. La hacienda estaba muy bien situada y el panorama completo del valle era sencillamente encantador.

En una tarde magnífica de sol, La Mansión ofrecía un aspecto extraordinario. Los peones daban muestras de actividad febril y en todos los semblantes se notaba rara inquietud. Una tropa de mozos se ocupaba de amontonar contra las paredes los aperos de labranza. Hombres y mujeres se interrogaban acaloradamente. Se oía a los capataces dar fuertes gritos. Los grandes rebaños de ovejas, las partidas de cerdos y las recuas, eran encerradas en potreros cercanos a la casa. Las voces y agudos silbidos de los arrieros se confundían en el eco con el ladrar furioso de la jauría, auxiliar indispensable. Diseminados en el pintoresco llano, internándose en las húmedas praderas y en los robledales vestidos de pastes, innumerables jinetes lanzaban sus cabalgaduras tras la novillada. De cuando en cuando, desde el oscuro apiñamiento de árboles, subía hacia el cielo ingrávido el prolongado y ronco alarido de un cuerno montañés. Ocupadas en los quehaceres domésticos, las mujeres trajinaban dentro de las cocinas hospitalarias, cuyas paredes se veían cubiertas de rústicos cacharros: Guacales y cumbas, ollas trigueñas olorosas a barro mojado, hermosísimos jarros llenos hasta la oreja de agua pristina. Acercándose a las viejas maritornes y a las mozuelas inquietantes, plenas de savia y duras de carnes, que se inclinaban sobre los fogones enjalbegados de tierra blanca, se podía oír que rezaban. Un peligro invisible, pero cierto; una tremenda amenaza dirigida contra la hacienda, angustiaba los semblantes tostados por el sol.

Una semana antes había llegado a uña de caballo, es del lindero del valle, uno de los vaqueros de La Mansión, portador de un alarmante mensaje. Con voz entrecortada por la emoción y la fatiga, exclamó: "La cuadrilla que ha venido robando en la Sierra se dirige hacia acá. Oí decir que llegarán dispuestos a recoger todo el ganado para herrarlo y venderlo en la feria de Concepción. Debemos alistarnos porque son muchos!" Esta noticia cayó sobre el ruidoso enjambre de la hacienda, como rayo en el ocotal. Se trataba de una partida de forajidos sin Dios y sin ley, armados hasta los dientes y cuyo lucrativo oficio era el abigeato. La formaban hombres sanguinarios e inmisericordes; reos prófugos sentenciados por cuatro o cinco asesinatos; indios semibárbaros oriundos de cualquier miserable aldea perdida en medio de las cañadas.

Al principio eran unos pocos malhechores los que robaban el ganado en los potreros menos vigilados, lo conducían a lejanos parajes, donde lo herraban y después iban a negociarlo en las ciudades más inmediatas. Este trabajo les produjo pingües resultados con escaso peligro. Entre la gente civilizada no faltó quien entrase de lleno en la combinación y así, mediante la influencia que dichas personas letradas tenían en los juzgados, los ladrones se libraron del rigor legal. Poco a poco la banda se fue organizando hasta hacerse temible y el abigeato adquirió serios caracteres. Estas cuadrillas son frecuentes en nuestras montañas y llanuras; y sucede muchas veces, que por negligencia o por las distancias, se sustraen a la acción de la autoridad, motivo que obliga a los pequeños hacendados y a los ricos terratenientes a defenderse de sus acometidas por su cuenta y riesgo,

II

Había algo que don Prudencio González, el noble y austero Patriarca, quería más entrañablemente que su gran Mansión, orillada de pinares y robles; más que sus rebaños aseados y fecundos; más que su misma persona campechana y fuerte; más que sus caros afectos y sus dulces recuerdos. Aquello que el hacendado adoraba con mayor fidelidad y constancia que a las niñas de sus ojos, era Consuelo, su hija única y vaya que le sobraba razón al Patriarca para querer así el fruto maravilloso de sus desgraciados amores.

Muchos años antes, tantos que los actores de la escena, de jóvenes vigorosos eran ya hombres encanecidos, La Mansión parecía un enjambre de abejas locas: risas, cantos, puntear jubiloso de guitarras y bandurrias, música de acordeones, estallido de cohetes y gritos, se oían por todas partes en la hacienda Entre nubes de polvo llegó una tropa de jinetes desde el vecino pueblo. Don Prudencio, con todo el brío de la mocedad, sostuvo el estribo a la mujer que tomara por esposa, pocos momentos antes, en el humilde templo provinciano, mientras las campanas echaban al vuelo su algarabía de plata. Y ella penetró triunfante en la estancia, en medio de un abigarrado cortejo, sobre alfombras de verde pino. Los mozos y las mujeres de la hacienda se comían con los ojos a la recién llegada. ¡Encantadora la patrona, con sus pupilas claras como pozos de la sierra y aquella su franca sonrisa!

Después... después llegó la tragedia: en pañales, apenas nacida, una niña lloraba; la noche vino, llena de misterio, henchida de pavor y la lumbre de las estrellas besó los brazos misericordiosos de una cruz.

Don Prudencio puso en su hija todo el cariño de que había sido dueña la difunta esposa y Consuelo creció magnífica de lozanía y fragancia; alimentada con leche caliente que todas las mañanas se ordeñaba en una jícara blanca especialmente suya; y nutrida con el oxígeno de las praderas de esmeralda, hasta hacerse mujer. Raras veces iba a la ciudad, permaneciendo constantemente al lado de su padre. Si éste era el jefe para las gentes de la dehesa, Consuelo fue siempre la alegría, la imagen viva de la primavera. Los vaqueros, las mujeres y los labriegos sentían por ella algo más que respeto y cariño. En sus sueños confusos y en sus plegarias oscuras quizás el rostro de la hija del Patriarca apareciese entre nimbos celestiales.

¡Y qué mujer la Consuelito! Verla plena de vida, trascendiendo a vergel florido mojado de rocío, erguir su alta figura en los patios inundados de sol, era vivir un poema. Morena cual la Sulamita del cantar y vibrante como un estremecimiento de la fronda. Henchida de las armonías ocultas que se desgranan en el pristino arroyo. Esbelta y musical. Cuando ordenaba el sabroso yantar, en la intimidad hogareña, ofrecía ardores y languideces de criolla. Era digna de ser una gran princesa inca ante la cual humillara su frente el noble Atahualpa y la llevase, gloriosa y triunfal, entre la fanfarria de sus atabales y sus chirimías, con el dorado séquito que iba hacia Cajamarca bajo el abanico del sol. Digna de lucir su belleza junto a las pirámides aztecas de la serpiente y el nopal y de envolver sus turgencias morenas en los vistosos zarapes. Toda la noche embrujada de la sierra, con sus plenilunios mágicos y sus cantares tiernos; con sus gritos hondos y sus leves suspiros, vivía en sus pupilas. Y su cuerpo admirable quizá fuera dado compararlo con el ánfora de barro, trigueña como su piel besada por el sol; aquella ánfora de líneas tan perfectas, de curvas tan armoniosas, amasada en la arcilla de la montaña por cualquier mano milagrosa de un indio soñador y triste.

Apasionada por la vida del campo en todos sus detalles, Consuelo amaba mucho sus blancas ovejas, sus potentes novillos, sus flores polícromas; pero sobre todos estos cariños, sobre todos los cariños de su vida, excepto el de su padre, estaba el que profesó siempre a

"Lucero", un soberbio potro retinto que relinchaba de gozo cuando la mano fina de la hija del Patriarca acariciaba la sedosa crin. Aún no oreada la fresca brisa matinal la joven ceñía su vestido de amazona, ensillaba esmeradamente el brioso corcel y salía como visión furtiva por el sendero que se desperezaba, ondulando, entre lagrima. Se alejaba en medio de los arbustos excitando a la bestia con sus gritos, con el latiguillo, con las espuelas. Flotando sobre la espalda la caballera undívaga, luminosos los ojos, libre el rendaje, entreabiertos y voraces los labios, trotaba incesantemente por la llanura y los bosques. Semejaba una silueta fantástica. Viéndola así, erguida en el fogoso potro, recordaba a las bellas amazonas que vuelan en indómitos corceles llevándose a la grupa a los guerreros caídos en la sangrienta lid. Venían a la memoria los versos del excelso poeta:

"Somos las Walkyrias, de bellas figuras
que listas tenemos las cabalgaduras
y las nobles armas, para ir por desiertos,
llevando a la grupa los guerreros muertos".

"A veces soltamos las sedosas bridas
por ver que las caudas vuelen extendidas
las caudas hirsutas de nuestros corceles
que saltan, nerviosos, como los lebreles".

III

Los forajidos buscaron el refugio más seguro que podrían haber encontrado en toda la Sierra: "El Peñón del Diablo". Ni los aldeanos de temerario valor se acercaban jamás por su buena voluntad a dicho lugar. Muchos eran hombres capaces de apuntar tranquilamente la chacha a pocos pasos de un tigre, pero ninguno se llegaba de grado hasta aquella escarpadura sobre la cual la fantasía campesina inventó leyendas espeluznantes. El tal peñón era un antro maldito porque servía de guarida al Demonio. Se contaban de él cosas terribles. Y se oían extraños ruidos; voces cavernosas, agudos silbidos, estrépito semejante al de una legión de brujas en aquelarre. Si no venía el "Maligno", los duendes se apoderaban de la roca y de la gran abertura para hacer rondas macabras a la luz de la luna.

Y los perros aullaban siniestramente durante la noche, viendo escalofriantes apariciones. Nadie hablaba del peñón sin antes santiguarse; y si algún novillo o algún potro se acercaban al lugar maldito, no se les volvía a ver.

En realidad, "El Peñón del Diablo" no merecía tan fatídica suerte. La fértil llanura de la La Mansión se extendía hasta unas cuatro leguas sobre el horizonte. Hacia el Sur estaba rodeada por inmensas praderas, a trechos pantanosas, alfombradas de margaritones; allí daban principio los bosques de pinos y de robles; yendo por el Norte, en línea recta de la casa de don Prudencio, el valle estaba flanqueado por una especie de montañuela cubierta de vegetación frondosa, hasta que andando un kilómetro se encontraban grandes peñascos vestidos de musgos húmedos y caprichosas enredaderas colgando de los ramajes; el sendero se volvía trabajoso, pues estaba erizado de guijarros puntiagudos. El peñón era una enorme roca cortada a pico, perpendicularmente, hasta una profundidad espeluznante. La tierra se había abierto y por el soberbio desgarrón se lanzaba bramando un torrente impetuoso; abajo, las aguas formaban magníficos encajes de espuma. El angosto cañón se abría sobre larga distancia y por él seguía su curso el río, haciendo pozas glaucas y profundas. Una vegetación lujuriosa crecía al pie de la cascada: palmeras silvestres, helechos, musgos y gran variedad de orquídeas. El sol apenas lograba introducir sus rayos en aquel laberíntico paraje y la tierra se conservaba siempre húmeda y fresca.

Allí establecieron su cuartel los ladrones de ganado. Pronto se notó que faltaban dos hermosos novillos y cuatro terneras marcadas con las letras P.G. Unos vaqueros, mientras sabaneaban, alcanzaron a ver dos individuos, 'mal encarados", que se ocultaron precipitadamente. Entonces el Patriarca encerró sus rebaños en los potreros inmediatos a la casa y no en vano se preparó para un combate formal pues la acometida no se hizo esperar mucho tiempo.

Una noche, cuando la luna estaba en la mitad de su carrera, quien se hubiese acercado al "Peñón del Diablo" habría visto un espectáculo singular De las negras grietas disimuladas por los helechos surgían los forajidos. Arriba esperaban, atadas, las cabalgaduras Listos ya para partir, un chane se puso a la cabeza. Silenciosamente desfiló la pandilla junto a los troncos retorcidos de los árboles. No se oía una voz. El golpe seco de los cascos sobre los guijarros tenía repercusiones extrañas. Cortejo de sombras macabras parecían los bandidos, cruzando el robledal.

El valle dormido y quieto ofrecía un panorama bellísimo para otros hombres que no fueran aquellos temibles salteadores. Leves estremecimientos agitaban los arbustos; a veces, un vuelo sofocado turbaba el silencio con vago rumor de alas y por toda la llanura repercutía estridente y claro el grito de los alcaravanes. Al salir de la arboleda echaron pie a tierra y como reptiles avanzaron sobre la casa. Aparentemente, los de la hacienda dormían tranquilos. Los bandidos se acercaron confiados; de pronto, un ladrido poderoso y urgente taladró la calma nocturna; luego otro y otro hasta formarse un coro ensordecedor ....¡Maldición, estamos descubiertos.... hay que acabar con ellos! rugió el jefe lanzándose adelante, pistola en mano. Un minuto más y el valle se iluminaba con el lívido relámpago de los fogonazos.

En la hacienda ya se esperaba aquel asalto. Vestida de amazona y ciñéndose con un ancho cinturón de cuero repleto de balas, el winchester en bandolera, Consuelo estaba junto a su padre en el hueco oscuro de la ventana. Para despistar a los asaltantes apagaron las luces. Al ver varias sombras furtivas cruzar la llanura, la joven exclamó: ¡Ya llegan, padre! Cuando los perros ladraron, dió el Patriarca la voz de ¡fuego! Echados sobre la grama del patio y resguardándose tras los pilares del edificio, los vaqueros y los mozos disparaban sus chachas y sus revólveres. Don Prudencio dominaba el tumulto con su voz potente y su alta figura. A su lado, Consuelo tiraba a veces, con puntería infalible.

Pero los salteadores eran más y ganaron terreno. Ya se veían muchos hombres tendidos junto a las trancas y en el corredor. Gemidos angustiosos y estertores ahogados partían de todos los rincones. El fuego de los vaqueros se hizo menos nutrido. Casi todos yacían sobre grandes charcos de sangre, con las vísceras fuera. Los pocos sobrevivientes se replegaron dentro del edificio y continuaron tirando. Consuelo peleaba como un hombre; su belleza magnífica y dominadora se engrandecía con el resplandor de la tragedia. Llegaron los bandidos hasta las puertas y fueron rechazados con penoso esfuerzo. Entonces le prendieron fuego al valle. Una llamarada inmensa se alzó hacia el cielo impávido y pronto ardió la maleza; las llamas crepitantes besaron la madera del edificio y la mansión de don

Prudencio principió a quemarse. El Patriarca se abrió paso entre la infernal baraúnda, gritando. ¡Huye, Consuelo…huye por Dios. Toma el "Lucero" y escápate…estamos perdidos!! Nunca, padre, si no vienes conmigo!

Herido en la frente, se abatió la grandiosa silueta del Patriarca. Consuelo había salido bajo un aguacero de balas y tomando por la brida al "Lucero" lo trajo junto al cadáver de su padre. Cruzó sobre la silla el cuerpo inanimado y sujetando el rendaje con mano firme lanzó la cabalgadura por el sendero rojo de sangre y de fuego.

"¡A caballo… doscientos pesos a quien la alcance!!", gritó el Jefe, y la turba siguió, frenética, las huellas del ligero corcel.

La carrera fue loca, desesperada, fantástica. Abiertas en un esfuerzo máximo las pujantes extremidades, los ijares sangrientos, tirada hacia adelante la noble cabeza, la crin desmadejada y bravía; empapado de sudor y espuma, ágil, impetuosos, "Lucero" cruzaba la lívida llanura. Firme en la silla, duros los pies en los estribos, ondeando al viento la cabellera magnífica, brillantes los ojos y trémulos los labios, iba la amazona. Detrás, la tromba de hombres y corceles en apretada hueste, fieros, sanguinarios y violentos.

El incendio del bosque era colosal. Consuelo corría hacia el Norte. Se oía el rugido formidable de la torrentera. "Lucero" saltaba enfurecido; sus cascos golpeaban frenéticamente los guijarros provocando súbito relampagueo. A la claridad lunar brilló de pronto "El Peñón del Diablo". Dio el potro un enérgico resoplido en tanto que la cría bravía se erizaba; un estremecimiento hizo temblar al "Lucero", se sobrecogió ¡y saltó! Consuelo cerró los ojos. Abajo, las aguas mugían iracundas.

Los bandidos oyeron largo rato el trotar desesperado, hasta que lució un alba roja sobre el valle de la muerte.

No se volvió a decir nada de Consuelo. Se hundió en la noche.

En qué Walhala indio desflorará su belleza de ñusta?

¿Qué nimbos contemplarán sus ojos color obsidiana? ¿cuántos bellos guerreros muertos ha conducido a la grupa de su potro veloz, bajo el manto de su cabellera bruna?

¡Nadie lo sabe! Cuentan voces medrosas que en las noches claras y apacibles se escucha el trotar frenético de una cabalgadura.!

La carrera es loca, desesperada, sangrienta; y una visión fantástica cruza por los árboles sombríos, bajo el jeroglífico plateado de las constelaciones!

EL LAGO DONDE LAS HADAS CANTAN

Al pie de la montaña de Corralitos, casi en el límite de los departamentos de Tegucigalpa y Comayagua, el viajero que se alejase de la ondulante carretera, tomando uno de los mil senderos o deshechos que atraviesan el pinar musical, puede encontrar, después de hora y media de dura cabalgata, situada en una amplia meseta verde, la primorosa estancia de don Salvador Gómez, bautizada en una tarde de sol con el nombre de Santa Rosita.

Y regocijarse en dicha estancia, amén del suculento yantar campesino cuyos vapores despiertan furiosamente el apetito, mientras se desanudan y extienden las blancas servilletas, con la presencia de mozas gallardas, limpias, que arriban de la quebrada con los cabellos húmedos y los ojos brillantes, con una tímida sonrisa en los labios y un aire de tentación en todo el cuerpo, que nos hacen reír de los cándidos eremitas que van a los desiertos inhospitalarios y calcinantes a luchar con las rojas visiones pecaminosas; y que dejan al pasar una onda fuerte de aromas selváticos, que nos enerva, nos satura, nos penetra con violencia, trastornando los sentidos y haciendo latir en las venas una tremenda furia de placer.

Las mozas y el yantar son ya un incentivo más que suficiente para volver loco de contento al viajero que llega fatigado después de cabalgar sobre riscos y hondonadas, pero que también ha ido extasiando sus pupilas, hechas a la pobre contemplación de los rojos tejados de la ciudad, en el espectáculo cien mil veces prodigioso de la máter naturaleza.

Pero, además de los dos atractivos mencionados, tienen ciertas estancias hondureñas, aquellas donde no imperan la miseria y la ignorancia, otros placeres que ofrecer, tales como el aire fresco y suave que acaricia largamente los cabellos y el rostro; las aguas prístinas de algún cercano riachuelo; el generoso lomo de una dócil cabalgadura y el blando lecho de hojas donde reposar durante esas inolvidables noches de la sierra, en las que, diríase que las estrellas bajan a posarse sobre el inquieto pinar y reina un silencio melancólico apenas alterado por remotos ladridos o la señal agorera del perverso estiquirín, cuyos ojos llamean en las tinieblas, hasta que el lucero chilatero viene anunciando el día y las dianas guerreras de los arrogantes donceles del corral repercuten en la inmensa distancia.

Santa Rosita, la mansión de este patriarca don Salvador Gómez, hermano gemelo, por las costumbres y la recia personalidad, de aquel don Prudencio González, que fue víctima de los infames cuatreros en la hacienda La Mansión, es una propiedad que bien puede rivalizar con esta otra por las grandes extensiones cubiertas de frondosos ocotales que la circundan, por las huertas y los plantíos, y los ganados que pastan en las cercanías o que suben a la montaña.

Abundancia de árboles frutales: lustrosos platanares donde revolotean bulliciosas y dañinas cotovías; limonares y naranjales ¡Oh, la gloria de las frutas doradas!

Naranjas de Honduras; naranjas jugosas y buenas de mi tierra, que son una bendición cuando calman la sed implacable de los largos caminos quemados por el sol; naranjas de los valles y las mesetas de Honduras.

¡Vaya, que pueden rivalizar con las de cualquier país, elogiadas pródigamente en las novelas!

Y los frutos que brotan en la espesura, a millares, como un regalo de Dios: moras de encendido color, con las que suelen las muchachas campesinas adornarse los cabellos; arrayanes y sanjuanillos.

¡Flora de Honduras, maravilla de esta tierra nuestra!

Posee el bueno de don Salvador, espaciosos corrales para ordeño, muchas bestias de carga y de silla; y una hermosa familia de canes donde se pueden encontrar desde el policía o coyote y algún lejano pariente del bulldog, importados de la capital, hasta los humildes, pero bravíos perros nacidos en la estancia.

No es don Salvador hombre muy instruido, pero sí bastante ladino, pues lo que le falta en letras le sobra en entendimiento y experiencia.

Varón de buen sentido, austero y sobrio como fueron nuestros abuelos, en los tiempos en que el maléfico aliento de las ciudades, viciadas con la política de especulación, no había llegado a enfermar de rencor y malicia el corazón de los aldeanos; y éstos no se habían vuelto como hoy, perezosos y lagoteros en las faenas; tenían el valor de meterse en las madrigueras de los tigres a luchar con ellos, cuerpo a cuerpo, y la honradez de trabajar las jornadas completas.

Así como don Salvador Gómez, como don Prudencio González, fueron nuestros abuelos en los campos.

¡Hombres de recia contextura y de alma de diamante por lo clara y por lo firme: varones enteros, fuertes, capaces de arrojar a tierra, de un puñetazo en el testuz, a un novillo enfurecido; capaces de abrir brechas en la selva, a golpes de hacha; y de amar mucho, con un amor entrañable, la tierra bendecida por su propio sudor. Para estos hombres, hurtarse una res o faltar deliberadamente a un compromiso, era imposible. ¡Tiempos de energía moral y de valor físico en que no era dado contemplar esos cuadros repugnantes de vicio, miseria y pereza que nos ofrecen hoy nuestros campesinos y que deshonran el esplendor maravilloso del solar nativo! ¡Cuadros de abulia, de renunciamiento y de hábitos degenerados, que vamos encontrando a lo largo de las carreteras o de los senderos y que causan tanto dolor como en las poblaciones donde imperan la desvergüenza y la intriga! ¡Tierras muertas de Honduras, aldeas y villorrios adormecidos bajo el benigno sol! ¡Tierras de promisión...! ¡Tierras irredentas de Honduras...! ¿Cuándo llegará el día de las óptimas cosechas?

Y era la noche serrana...

La maravillosa noche serrana en la que bajan las estrellas a dormirse en el inquieto pinar y nada turba el silencio melancólico; acaso un remoto ladrido; acaso la señal de los pájaros agoreros y perversos; hasta que viene el lucero chilatero, anunciando el día y resuenan alegrísimas dianas en la inmensa distancia.

Era la noche serrana, fresca, llena de aromas enervantes, ardiente de luceros. Don Salvador hablaba con aquella su serena y reposada voz; en la semipenumbra reinante en el corredor, apenas se distinguían su boca y su barba entrecana. Levantaba la mano con lentos ademanes. Todos le oíamos. Varios aldeanos vecinos y mozos de la estancia formaban el corro. Y las hijas o parientes del estanciero... Entre ellas Ana María. ¡Ana María! ¡Cómo se llena de miel el corazón al evocar su nombre!

—Cuando los infames cuatreros bajaron a los valles, desde el confín de la sierra, de más allá del Horno, de más allá de Lamaní, y vinieron a acuartelarse en "El Peñón del Diablo," yo estaba entre la gente de La Mansión. La noche que nos atacaron vi caer a don Prudencio, herido en la frente; y a la Consuelito cruzarlo en la silla y lanzarse así, a campo traviesa, en medio de las llamas y de las balas, hacia la torrentera. Yo estaba caído con un balazo en el hombro derecho y otro en la pierna, a pocos metros de distancia. La luna era roja, espantosamente roja y grande. ¡Era luna llena! Y estaba tan roja como en los días en que la llamarada de las quemas arde en los bosques...

—Antes, cuando abundaban los cauceles en estas cercanías, yo fui con mi padre y el tío Juan a cazarlos, con rejón. Acosado por los perros, seguido de cerca, el animal se refugiaba en la madriguera y hasta allí llegábamos nosotros tras él. La luz vivísima de los hachones lo cegaba instantáneamente y entonces lo acometíamos. Más de alguno dejó el pellejo en las uñas del tigre, que son largas como dedos y peligrosas como un cuchillo bien afilado. Encontrábamos animales hermosísimos, pero ¡qué condenados más bravos! Los gritos que daban hacían temblar la montaña. Se les oía desde inmensas distancias y en la noche, cuando los coyotes, aullando en manadas, rondaban los corrales, de repente un sonido largo, agudo, espantoso, nos ponía los pelos de punta y hacía huir a los perros con la cola entre las patas. El abuelito Simón mató infinidad de tigres, a rejonazos; cuando murió, yo heredé las pieles que están allí colgadas. Había varias que se hubieran vendido por un dineral.

A lo lejos, en la noche serena, se elevó de pronto un aullido taladrante. Los perros se incorporaron rápidamente con las orejas rígidas. Don Salvador continuó:

—¡Coyotes! Alguno que otro anda rondando en los potreros.

Si se ha quedado alguna ternera afuera, peor para ella. La correrán hasta hacerla pedazos. Hoy ya no infunden miedo los coyotes. No valen la pena. Hace todavía cinco años, a estas horas teníamos una verdadera retreta de esos condenados animalitos. Llegaban hasta las trancas, hasta aquí mero, a los corredores; y eran no una docena, ni dos, ni cuatro... eran cientos, eran miles, infundía pavor ver las manadas y rompían los oídos aullando durante toda la noche. Son animales cobardes; al primer disparo salen huyendo como almas que se lleva el Diablo. Sin embargo, a veces resultan algunos muy osados. "Sultán" ha matado varios ya, cerca de los corrales de ordeño.

El viejo acarició suavemente la hermosa cabeza del soberbio mastín que echado junto al taburete de su amo movía la cola en señal de regocijo.

—"Sultán" es uno de mis grandes cariños. ¿Saben ustedes por qué? Pues porque a él le debo la vida. Cuando, hace cuatro años, dos salteadores de caminos me dejaron por muerto, acribillado a balazos, en la orilla de la Laguna Encantada, este perro, que entonces estaba pequeño, después de aullar junto a mí con un sentimiento que partía el alma, porque parecía humano, vino a la casa y a fuerza de correr como loco y dar tremendas voces, llamó la atención de los mozos, quienes lo siguieron hasta encontrarme. Llegaron a buena hora, pues en los ratos en que yo volvía de los desmayos distinguía a los zopilotes formar grandes círculos sobre mi cabeza. Por este triste recuerdo yo voy con poca frecuencia al "Lago donde las hadas cantan", a pesar que desde niño me siento atraído por ese sitio tan pintoresco y tan lleno de leyendas.

La maravillosa noche de la sierra había caído por completo. El lamento de los grillos rompía la calma reinante…allá lejos, alguna jauría sorprendida ahuyentaba con sus ladridos poderosos a los animales invisibles. El cercano pinar y la espesura fragante se llenaban de mil ruidos diversos, inexplicables, extraños cuchicheos: sofocado aletear de aves refugiadas en los nidos, fuga de liebres bajo los matorrales, caída de hojas, crujir de ramas secas; ruidos apagados, miedosos…quién sabe! algún animal nocturno que se pone en acecho…algún ave que se sacude el plumaje… algún salteador de caminos, huyendo de la justicia, que espera el momento en que se apaguen todas las fogatas para internarse en la crudeza…quién sabe de qué están hechos esos mil ruidos diversos que en las altas horas nocturnas llegan al oído despierto y mantienen los nervios exaltados, llena la imaginación de espantosas visiones, como si una ronda fantasmal surgiese al dorso de la montaña, bajo el cuerno amarillo de la luna menguante!

Y de codos en el blando lecho de hojarasca, escuchando la respiración tranquila y el estrepitoso roncar de los campesinos que dormían en el cuarto inmediato, yo no podía conciliar el sueño, pensando en aquella Consuelo que atravesó con el sangrante cuerpo de su padre la tremenda barrera de llamas….pensando en aquellos abuelos que acometían a los tigres, armados de una tea y un chuzo con punta acerada, en sus propias madrigueras….pensando en aquellos rebaños de animales hambrientos, hermanos bastardos de los lobos que aparecen en las novelas de la estepa; pensando en don Salvador, moribundo, mientras "Sultán" aullaba fúnebremente y las aves de rapiña trazaban bajo el azul, siniestras figuras geométricas; y en aquella Laguna Encantada, aquella laguna misteriosa, de la cual se hablaba tanto en la estancia. "El lago donde las hadas cantan, parece de cristal" había dicho Ana María ¡Ana María! ¿Pero, seria verdad todo esto? Esa novelesca historia de la amazona de La Mansión ése verificó algún día? ¿es positivo que nuestros abuelos campesinos mataban tigres a rejonazos? ¿es este don Salvador el héroe de un capítulo folletinesco? …y ese "Lago donde las hadas cantan" ¿qué cosa es? Pero Ana María habló de él. Ha de ser verdad que existe. Así como es verdad que Ana María existe y que es bella, con una belleza triunfante, como si fuera el alma viva, carnal, risueña, de Honduras; como si fuera la imagen de nuestra Mater Naturaleza... ¡Oh, ha de ser cierto.... todo ha de ser verdad…así como es verdad que yo estoy enamorado de esta belleza aldeana, rústica, de esta Ana María del Lago de cristal donde cantan las hadas!

II

Las gentes del contorno se sentían atraídas hacia la casa de don Salvador y al caer de la tarde, después de la oración, iban arribando mozos y mozuelas inquietantes, estas "mozuelas de Honduras, donde hay alondras ciegas por las selvas oscuras", hasta formarse una alegre tertulia donde se mataba alegremente el tiempo, mientras era la hora en que daban el toque de silencio en las viejas ciudades. Se escuchaba al patriarca de la estancia relatar las aventuras de su luchada juventud y los encuentros sangrientos que se verificaban día a día con las bandas de salteadores; se narraban cuentos de camino y jocosas historietas de aparecidos, en las que intervenían siempre el duende, la sucia, y se decían adivinanzas y chistes. Acudían mozas cantadoras y el rasgueo de la guitarra vibraba extraña y sugerentemente en el melancólico silencio. La copla andaluza, el pasillo y el bambuco, resonaban en las claras voces de los aldeanos. Parecía una fiesta de charros o de gauchos bajo el cielo de Honduras. Porque de aquellas gargantas fluía a veces dolientes y plañidera, a veces jubilosa y triunfal, el alma de América, pero no el alma nuestra, el alma nacional, el alma de Honduras.

¡Qué triste cosa es tener que recurrir a la expresión ajena para decir nuestra inquietud, nuestros amores, nuestros celos, nuestra angustia o nuestro placer! La música de los pueblos americanos, la nota heredada del antepasado común, resuena en el nativo solar como en tierra hermana, como en tierra gemela. Pero Cuba tiene sus bambucos, México sus adelitas y sus jarabes, Venezuela el yaraví, Argentina el rumor misterioso y legendario de sus pampas. Esas son las voces íntimas, las voces familiares, el grito del cielo y la tierra únicos; y Honduras no sabe hablar con esas voces propias, a pesar de cómo palpita en ella, en su entraña virgen, la emoción maravillosa. Ese gran poeta del alma popular no ha encontrado un acento en que se concrete y resuma toda su inquietud, su melancolía, su virilidad. Y de las cuerdas vibrantes de la guitarra no brota el son hondureño, ni de las gargantas argentinas surge el canto hondureño, sino el acento importado, que por ser siempre de nuestra América, o de la madre España, es maravilloso.

Ora una voz robusta cantaba con singular entonación amorosa:

> "Asómate a la ventana,
> ¡ay! ...¡ay!...¡ay!...
> Paloma del alma mía
> que ya la aurora temprana
> viene a anunciar el día".

Ora iba desfalleciendo la música del dulce y triste instrumento, mientras la voz cristalina se moría en un sollozo. Cierta noche, uno de los jayanes cantó con inmensa y honda emoción el "Cabaio Baio". Había tanta pasión, tanta tristeza, tan profundo era el silencio de los campos bajo el manto tenebroso de la noche que las notas plañideras nos llenaron de lágrimas los ojos.

Ana María también cantaba ¡y qué bien! ¡Ah, recuerdo su figura sugestiva en aquel maravilloso teatro donde la naturaleza pujaba en todo su esplendor, y ella era la encarnación de la naturaleza! En las tardes cantaba, sólo para mí. Abrazada amorosamente la guitarra, sueltos y húmedos los cabellos donde esparcían su penetrante fragancia los claveles, brillantes los ojos y luminosa la boca de tanto sonreír, punteaba delicadamente las cuerdas tensas mientras su voz, en la que temblaban velados ardores, se elevaba como una gloria de trinos, bajo el magnífico azul. En medio de los pinos, levemente agitados por el viento, aquella voz subía hacia el infinito, hacia lo alto, como un sursum prodigioso. Ante ella, extasiado frente a su belleza rústica y fragante, contemplando su encendido rostro y sus carnes limpias, olorosas, firmes y morenas, yo pensaba en Honduras.

Esta muchacha, así vibrante, así sana, así ingenua, así ardiente, era la imagen de la patria. La imagen viva, llameante, triunfadora, de la patria. No esta Honduras macilenta y demacrada, que ya parece una anciana que se agobia bajo el peso de inmensas congojas, en el camino de la vida. Sino una mujer joven, pletórica de savias, bella, dominadora y musical. Así debe ser esta Honduras nuestra. Arrojar los trajes exóticos con que el desvarío de las generaciones la ha vestido; arrojar esa costra de convencionalismo, de formularios y etiquetas pegadas con acompañamiento de rimbombásticos lirismos, en nuestra corteza desnuda; limpiarse de todo eso que la hace parecer lo que no es y que le arrebata su personalidad. Y ser como esta muchacha campesina; ser ella y no cual las demás; darse un baño lustral y surgir fuerte, pura y triunfal, con la música y la poesía de su tierra, de su cielo y de su fecundo vientre; con el aroma de sus florestas y el grito pujante de su vigor.

¡Canta, canta, Ana María, canta más, que en ti oigo cantar a mi patria!

Y estábamos así, bajo el vuelo de las nubes inquietas como las mujeres, en medio del pinar, a pleno sol, a pleno viento, a pleno cielo. Cuando ella cesaba de cantar yo recitaba versos, los versos que acudían a mi memoria para ella; lejanos recuerdos que en el alma dejaron su polvillo de ilusión. Porque, aunque Ana María viva en el campo, es inteligente y estudió hasta el quinto grado en un colegio de la capital; y además de eso posee un espíritu avisor, que se emociona fácilmente, que se doblega al calor de la palabra henchida de pasión. ¿Y acaso las mujeres han dejado de ser un poco románticas? ...hasta las más imbuidas en las teorías modernas y pragmatistas... ¿no conservan aún cierto añejo sabor romántico?

> "Tus ojos son como los lagos de mi tierra
> en donde vuela todo su luminar la luna,
> tu párpado es el alba que cuando se abre encierra
> en tu pupila clara la luz de la laguna...
> Tus dedos como lirios esbeltos de mi sierra
> la sierra ¡madre excelsa de mi melancolía!".

—¿Por qué la llama "madre excelsa de mi melancolía"?

—¡Ah! Ana María... Los poetas... una de las características del poeta es ser melancólico o fingirse melancólico, hasta cuando su misma naturaleza lo impele en sentido contrario.

—¿Entonces, no son sinceros los poetas?

—No siempre, Ana María, no siempre. —...

"Péscame una sirena, pescador sin fortuna
que yaces pensativo del mar junto a la orilla;
propicio es el momento, pues que la vieja luna
como un mágico espejo entre las ondas brilla".

—Estos versos los escribió un paisano tuyo, Ana María. Se llamaba Juan Ramón Molina. No le han erigido estatua aún, porque tú sabores, el Estado no es suficientemente rico para levantar estatuas a los poetas.

"Ven conmigo a vagar bajo las selvas
donde las hadas templan mi laúd
Ellas me han dicho que conmigo sueñan
que me harán inmortal si me amas tú".

—¿Por qué lo entristecen tanto esos versos?

—¡Ah! Ana María... me recuerdan una hermana muerta hace muchos años, cuando éramos pequeños. Ella siempre los recitaba. Están en un libro que se llama "María". Cuando regrese a Tegucigalpa te lo enviaré para que leas.

Y más versos, pero versos sin complicaciones, donde vive una poesía desnuda y radiante que penetra a lo más íntimo del alma por su sencillez exenta de artificios y soberbios ropajes.

III

Se hablaba mucho, diariamente, de la Laguna Encantada o, del "Lago donde las hadas cantan"; y el deseo de conocer semejante prodigio despertó con ansias implacables en mi ser. Don Salvador me había dicho: es una extraña laguna blanca que está situada abajo, entre esta meseta y la montaña. Es pequeña, pero profundísima. Jamás se ha bañado nadie en ella, porque se asegura que quien se atreva no volverá a salir. Dicen que está embrujada. No tiene ningún afluente ni desaguadero visibles. Pero lo más raro de todo es la extrañísima música que se escucha al acercarse a ella. No es el canto de los zenzontles o de los jilgueros, porque cuando están trinando sus voces se distinguen claramente, sin confundirse con la música del lago. Es como sonidos de cristales que se rompen; como un rumor de cosas frágiles, delgadas, que se rozan.

En ciertas horas parece que un verdadero enjambre de pajarillos se hubiese refugiado en las orillas de la laguna, pero se buscan, se busca y nunca se ha podido ver ni un ala, ni una pluma. Yo estuve allá una noche, en luna llena, y a pesar que no creo en las historias que se cuentan, sentí un miedo espantoso. Y apostaría a que ví sombras ligeras, apariciones blancas; fantasmas...mientras una música verdaderamente dulce, una música que produce desvanecimientos de tristeza, me llenaba los oídos. Regresé temblando, pues oí claramente distintas voces y risas y hasta ruido de besos. En fin...ya no sé qué decirle, pero le aconsejo que no trate de conocer la Laguna Encantada, porque recibirá una impresión muy fuerte.

Pero en mí había despertado el tremendo deseo de conocer aquel lago de cristal donde las hadas cantan, como había dicho Ana María. Aquel lago de cristal donde indudablemente venían a celebrar los sátiros una fiesta loca, mientras el inmenso Pan tañe su jocundo caramillo en la fresca sombra del pinar; y adonde acudirían también las ninfas de carnes blancas y róseas a bañarse en las ondas transparentes para ser sorprendidas y violadas por los sátiros cornudos bajo el rumor de la arboleda. Aquellas risas, aquellas voces, aquel murmullo de besos que oían los aldeanos era eso... sí, eso era. Y la música, la música enervante, dulce, que causa desvanecimientos, era el son de las flautas que tañían los silvanos ocultos en la fronda. ¡Oh, fantasía! ¡Oh, las mitológicas fiestas de los dioses paganos, bellos, fuertes y rítmicos! De los dioses que fueron de mármol y alabastro.

Yo iría a sorprender a Pan, musicalizando con su carrizo la selva hondureña; iría a ver la ronda de las ninfas, ebrias con el salvaje aroma campestre y el dulce acento de las flautas. Iría a oír gritar ¡Evohé! ¡Evohé! ¡Pan! en el desenfreno de las danzas eróticas... y una tarde propuse a Ana María fugarnos hacia el Lago de cristal...

"Ven conmigo a vagar bajo las selvas
donde las hadas templan mi laúd".

La dije sonriendo y ella no tuvo miedo y aceptó.

¡Maravillas... maravillas de estas frondas, de estos pinares, de estas selvas nuestras! ¡Maravillas de Honduras, que apenas conocemos y que no amamos! ¡Madre naturaleza colmada de sorpresas!

La Laguna Encantada estaba allí, a nuestros pies. Cogidos de las manos hicimos el descenso, pues el depósito líquido está escondido en un profundo seno y para llegar a la orilla hay que seguir un sendero difícil. La montaña principia allí mismo: soberbia, pujante, con abismos y eminencias, repleta de árboles, pletórica de jugos y savias, enguirnaldada de orquídeas y gallinazos; dueña de la recóndita armonía de los riachuelos que al llegar al borde de las cortaduras se tornan en magníficos torrentes; ofreciendo una vegetación lujuriosa, furibunda, llena de los matices más vivos, que son gloria de la creación; de las flores con pétalos aterciopelados y aroma embriagante; de los pájaros más raros, hermosísimos ejemplares de belleza. Y la extraña laguna está allí, a la sombra de los pinares, robledales y bambús; desconocida, misteriosa, irrevelada.

No es azul como ese prodigio de Honduras que se llama El Yojoa. Las aguas de este pequeño lago ofrecen un inexplicable color lechoso; pero son límpidas, transparentes. Semeja un ópalo colosal. Lo forman dos círculos perfectos, totalmente cerrados: el primero, exterior, donde se ven las puntas de los árboles que fueron derribados durante los ciclones; en medio un anillo de juncos verdísimos, siempre lozanos; y otro círculo de aguas más profundas, más límpidas. Ningún afluente ni desaguadero visibles. La laguna está sola y quieta; dormida e insospechada, al pie de la montaña que eleva sus picos agresivos hasta el plafón turquí.

Caía la tarde. Una música sutil, acariciadora, enervante, me llenaba los oídos, me llenaba el corazón. ¡Música de mis florestas vírgenes, música de mis florestas umbrías, que ningún poeta ha recogido e interpretado en el estro sonoro! ¡Música del viento en el pinar melancólico y obscuro; música de zenzontles y jilgueros; música de los seres que desfallecen de amor en el lento atardecer; música de flores y pomas gloriosas; música del lago de cristal donde las hadas cantan... y, ella se rindió en mis brazos cuando todas las cosas ardían en el fuego milagroso de las estrellas!

Música arrolladora de Ana María.

Al día siguiente, reunida la familia cabe a la mesa rústica, a la hora del yantar, decía don Salvador:

—Pues el lago de cristal donde las hadas cantan.

Contemplando el rostro encendido de Ana María, lo interrumpí.

—Ya no se llama así.

—Y entonces, ¿cómo?

—Se llama el Lago del Himeneo.

Y la miraba, la miraba... y ella reía, reía como "una chiquilla a quien le hiciesen cosquillas"; reía nerviosamente, jubilosamente, en la gloria de su juventud, henchida de aromas, pletórica de savias.

EL GRUMETE

Viajaban durante la noche. Cuando la luna aparecía regando en la masa negra del mar un polvo de luz, la goleta levaba anclas, separándose silenciosamente del muelle, mientras sonaba la voz dura y breve del Capitán, impartiendo órdenes y la marinería se movía sobre el pequeño puente, recogiendo las amarras, en tanto que los pasajeros iban acomodándose, trabajosamente, en los escasos camarotes.

Tres horas después de anochecer, cuando un silencio de congoja pesaba sobre el puerto donde los ojos soñolientos de la luz eléctrica luchaban con las tinieblas y sobre la enorme superficie oscura de las aguas casi quietas, agitadas apenas por leves estremecimientos, "La Gaviota", goleta que hacía servicio de cabotaje izaba sus blancas velas y empezaba a deslizarse sin ruido, mar adentro.

El viaje entre puertos cercanos se verificaba conforme a itinerario fijo, dos veces a la semana y duraba, regularmente, toda la noche. Envuelta en sombras profundas avanzaba la goleta, cual fantástico galeón; su proa rompía audazmente el compacto oleaje, produciendo extraño rumor de desgarramiento doloroso; parecía que el monstruo Océano se quejase de aquel agredir constante de sus flancos y tras la nave, el ancho y largo camino de espuma, era como un río de sangre mitológico. El murmullo pesaroso del Océano rodeaba a "La Gaviota", a ratos, hondo y grave, ora amenazador y rebelde. Diríase que la masa enorme iba a cansarse de sufrir la invariable acometida de la quilla y en un arranque de bestia resignada se sublevaría arrojando la rabia contenida durante muchos años; se tragaría a la veloz embarcación, en la negrura de la noche, bajo el ala tenebrosa del misterio.

La tripulación jamás temía que esto sucediera. Hombres rudos, hombres fuertes, hombres de madera dura como los palos de "La Gaviota" y de temperamento recio, como la peña donde la marea bate sin fatiga, aquellos marinos se metían en la boca negra de la noche, ajenos a toda preocupación. ¡Bah, que un nativo de las islas, pensara jamás en sentir miedo! Ellos no temían al mar, porque el mar era su: amigo de la infancia, de la adolescencia y de la triste vejez. Al nacer, sobre su mísero jergón, bajo el follaje rumoroso de los altos cocoteros, la primera canción que sonaba era aquella del mar: pujante, rebelde, con estrépitos ensordecedores, con hórridos bramidos, en las horas de la alta marea. Suave, meliflua, acariciante, profundamente melancólica, cuando el monstruo estaba quieto. Sus oídos se acostumbraban a ella, porque día y noche, mañana y tarde, bajo el ardor del sol zenital y bajo los plenilunios, sonaba siempre. Pegados al materno pezón, la brisa marina, saturada de saladas y vigorosas fragancias les acariciaba el rostro y les nutría los pulmones y así fueron creciendo: el pecho amplio, el torso musculoso, los brazos y las piernas atléticos, la cara curtida por el sol y por los vientos, contemplando el milagro de los amaneceres y de los crepúsculos sangrientos que tiñen con una púrpura trágica la superficie móvil de las aguas. Apenas podían andar sobre la movediza arena, era llegado el día en que, al amor de las velas, verían alejarse la costa nativa y el alto penacho lustroso de las palmeras, bajo las cuales se meció su cuna.

Treinta hombres formaban la tripulación de "La Gaviota." Altos, rudos, musculosos. El capitán Brown, moreno, curtido, de mirada dura, con unas manazas de acero y un genio, a veces, terriblemente agrio; el cocinero, bajo y pesado y el grumete, muchacho de quince años, de rostro expresivo, blanco, ojos azules y soñadores, espíritu inquieto, de pájaro marino.

II

Se habían hecho a la vela, como siempre, ya caídas las sombras; tranquilos, ejecutando casi mecánicamente las maniobras del zarpe. Los pasajeros apenas eran veinte; la mar estaba quieta aunque la noche era oscurísima y con amenazas de temporal. Un hecho, casi insólito, nuevo, tenía al Capitán Brown de codos contra la barandilla, fijos los ojos en el negro vacío, dura, más dura que de ordinario la mirada; agrio el genio como jamás lo había estado. Entre los pasajeros venía una mujer, una mujer casi adolescente, que era todo un prodigio de belleza y que el rudo marino amaba desde hacía algún tiempo, después de haberla visto una tarde que bajó al puerto y de haberla hablado, casi temblando, él que se reía del Océano, recibiendo una mirada despectiva que fue a clavársele muy hondo como fiero arponazo.

En "La Gaviota" era un hecho insólito la presencia de una mujer joven, bellísima, delicada. Por lo regular sólo viajaban en ella personas humildes hechas a sufrir todas las incomodidades de la travesía: mercaderes ambulantes; individuos que iban a aventurar, etc., etc.; la gente rica buscaba otras embarcaciones menos veloces, pero más grandes, con más camarotes. Por eso, el hecho produjo algún estupor en aquellos marinos rudos y el cocinero, grotesco y burlón, sentenció.... "¡Mujeres a bordo… mala noche!"

Graciela, tranquila y confiada, viajaba con su padre llamado urgentemente para atender a una hermana agonizante. Ajena al peligro que para ella significaba la presencia de Brown cada vez más sombrío y amenazador, la joven iba en la proa hablando distraídamente con el grumete, quien bajo el cielo negro sentía subir en su alma una extraña inquietud, una sensación nueva y rara; algo como una marea siempre creciente lo invadía; tenía en los ojos un desusado fulgor y en los labios algo dulce, algo embriagante, algo diferente del sabor salado de la brisa del mar.

Juan, el grumete de "La Gaviota" jamás había tenido cerca de sí a una mujer bella y joven. No sabía qué es el amor. Sus ambiciones no habían sido otras que ordenar un día con voz seca y breve, desde la cabina, las maniobras de la goleta. Sus anhelos nunca fueron otros que viajar constantemente al amor de las blancas velas desplegadas; retornar, de tarde en tarde, a la isla nativa; subir por el tronco rugoso de los cocoteros y morder la sabrosa pulpa de sus frutos; meterse, desnudo, en las aguas glaucas y profundas y recoger caracolillos rosados por las playas. Nunca bajaba a los puertos porque le repugnaba su aspecto sucio y el olor a aceite que reinaba en su atmósfera.

Apenas había visto el muelle, las bodegas y las ferrovías sin darse cuenta de otra cosa, y hoy despertaba su juventud, su juventud henchida de sol y de mar; su espíritu de pájaro bohemio se expandía; bajo sus pupilas soñadoras y azules pasaba un tropel alucinante de ciudades y de puertos congestionados de mástiles, de trenes lujosos y de luces radiantes; y, mientras Graciela, con voz reposada, le hablaba de las poblaciones del interior, en el camino de espuma que surgía al paso de la nave, al abrirse las aguas, Juan veía un desfile interminable de mujeres rubias, blondas, suaves, como aquella que, cual una fantasmagórica visión, cual una encarnación de Anfitrita, estaba a su lado, bajo la copa tenebrosa de los cielos amenazadores.

El ensueño era magnífico… ¡Mujeres….mujeres….mujeres!....un grito ronco y un puntapié lo despertaron.... ¡A tu puesto, bribón…hay que bombear porque el agua nos traga! Juan vio, como alucinado, erguirse ante sí la figura alta y negra del capitán Brown, envuelto en su capa de hule; hosco, amenazador, con sus manazas de acero prontas a descargar.

III

"La Gaviota" había sido sorprendida por un violento temporal. La lluvia batía furiosamente sobre su maderamen y sus velas. El motor trabajaba con gran dificultad; un continuo ronquido anunciaba su cansancio. La embarcación apenas avanzaba incapaz de romper el compacto y rugiente oleaje. Los pasajeros, pálidos y nerviosos, rezaban o se hallaban sumidos en el mutismo; los hombres de la tripulación mojados hasta los huesos, impasibles y duros, haciendo su faena. Arriba, cielo negro; abajo, mar embravecido ¡Perdidos en la inmensa y trágica soledad!

Brown contemplaba fieramente el desastre de su embarcación. No tenía miedo. No le importaba morir. Una cólera sorda le poseía. Amaba con cariño tosco, pero leal, su barco y estaba convencido de que sólo faltaban minutos para que ambos se hundieran en el negro brocal. De pronto, sus ojos relampaguearon de ardor y de odio. Había visto a Graciela... Moriría, pero antes aquella mujer iba a ser suya. A su amor despreciado, a sus ansias brutales, se unía el pesar de perder su barco y la furia que esto le proporcionaba. Ella había sido un mal augurio...! Maldita mujer…ya le enseñaría a reírse de Brown!

Un pensamiento oscureció su cerebro y de un solo trago vació media botella de aguardiente. Con paso vacilante se dirigió hacia Graciela. Ella lo vio llegar y tembló creyéndose perdida. El barco daba continuos y bruscos cabezazos; el timón fue abandonado por inútil y el agua penetraba por las escotillas. No había remedio, estaban perdidos.

Ebrio de coraje, de deseos v de licor, Brown arrastró a Graciela hacia su camarote. El padre de la muchacha había caído fulminado por un rudo golpe de las manazas de acero del capitán. En la confusión espantosa del último momento nadie podía auxiliarla y Brown repetía:

¡Moriremos... moriremos todos, pero serás mía antes! Cuando sus brazos musculosos rodeaban el talle de la joven y ésta veía inclinarse hacia ella la cara convulsa y negra del marino, Brown lanzó un alarido de bestia herida y se desplomó arrojando una tremenda blasfemia: ¡Mal rayo te parta…condenado grumete! Juan acababa de herirlo en la espalda!

Atento, febril, fijo en todos los movimientos del capitán, el grumetillo de los ojos azules y soñadores quiso salvar a la mujer que, con su palabra cálida, había puesto ante sus ojos alucinantes espejismos, en la alta noche tropical... ¡A la primera y única mujer que amaría en su vida! Y su mano no tembló al hundir la hoja tajante en la férrea musculatura del marino.

La última hora era llegada. "La Gaviota", con las velas abatidas como alas rotas, se hundía lentamente. Un coro de gemidos e imprecaciones respondía al grito del mar. Tranquilo, resignado, el grumete se sumergía con su nave, contemplando a la mujer rubia que yacía desmayada en sus brazos; y cuando el agua lo envolvió besándole el cuerpo enterró, cerró los ojos soñando… soñando... mientras la canción formidable arrullaba su agonía, como meció su infancia, bajo los altos cocoteros, frente al mar soberbio y polifónico.

LA TEMPESTAD

Rugía el trueno abarcando la inmensa sábana de los cielos blancos, impenetrables, dejados del generoso azul. Una lluvia recia golpeaba desde varias horas la tierra, convirtiendo los senderos en barro pegajoso y rojo. Los árboles doblegaban sus copas enhiestas bajo el vendaval furioso. A veces, dando la impresión de un gran látigo que se desenvolviese silbando, cruzaban el espacio las descargas eléctricas que saturaban la atmósfera con un acre olor. Pequeñas y humildes, diríase que las cincuenta casas de la aldea se encogían de pavor ante los elementos desencadenados. Los arbustos que protegen con su sombra el interminable camino aparecían despedazados, con las ramas en tierra, roto en dos el tronco que se erguía ufano, mostrando una deplorable profusión de astillas.

Ruidosamente caían las frutas arrancadas con violencia de en medio de los follajes. La sabana era una inmensa charca. El cielo blanco... blanco e impenetrable; cruzado por masas negras donde zigzagueaba la luz violácea seguida del rugido de los truenos, semejante a un pavoroso rompimiento de las montañas. Agua... más agua sobre el campo estremecido, sobre los senderos convertidos en barro, sobre las casas... el temporal no había amainado en su furor. Cielo blanco... nubes negras. Un rayo latiguea encima de los pinos enhiestos y se rompe en dos, buscando la tierra, el gigante de las florestas.

Los quebrantahuesos y los zopilotes se han acobardado y, enjutos los remos, dejan pasar la tormenta, refugiándose en el nudoso ramaje de las encinas, esponjando a veces las plumas brillantes. El oído alerta percibe los lejanos derrumbamientos de las canteras y el bramar poderoso de los toros que se hermana, en el eco, con la voz del infinito. Hombres y bestias se encogen, se empequeñecen, medrosos, por su debilidad ante la tormenta que ruge y silba; que desgaja y rompe; que pasa mugiendo sobre la campiña hasta perderse en el horizonte lejano; que aúlla una canción desesperada en medio de las oscuras arboledas.

Cielo blanco... una nube se rasga y la descarga latiguea impregnando de sofocante olor de azufre el pávido vacío... las intrépidas exploradoras de las grandes cuencas azules buscaron refugio en la floresta... muge la tempestad y, bajo los setos fragantes, arrullan las palomas silvestres.

El cielo ingrávido hasta donde alcanza la mirada a descubrir la serpentina del horizonte vasto tras del cual se pierde el sol, y cae sobre la aldea un manto de tristeza inefable. El cielo ingrávido, quien sabe por qué designios providenciales había desaparecido y en su lugar, sobre la campiña azotada por el vendaval furioso y la lluvia, estaba aquella sábana blanca que no ocultaba nada bueno; y la floresta tranquila, poblada de rumores, de silbidos y de cantos había sido invadida por una legión de demonios locos que desataron las furias de la naturaleza. La tempestad, enseñoreándose de las vastas cuencas, hacía estremecerse a los moradores de San Francisco.

Un hombre existía en el villorrio para cuyo corazón el estruendo formidable de los elementos desencadenados no significaba nada. Era éste Juan José, primogénito de un matrimonio que antaño, veinticuatro años corridos, contemplaron los vecinos de la aldea. Esteban Martínez quiso que el alcalde y el cura sancionaran su unión con la Rubenia, pues aunque en el campo el amor es libre y no necesita de pregones ni casullas, él buscó los términos convencionales y su vida principió desde tal instante en unión con su mujer que le dio cuatro vigorosos retoños. De ninguno se ufanaba tanto Esteban como del primogénito, de aquel Juan José que vendría, con los años, a ser el heredero de la casa y de las parcelas que obtuvo su padre a fuerza de muñeca, cuando él era apenas un prieto que se emberrenchinaba por nada y que gracias podía andar bajo los cobertizos, sin atreverse a ir más lejos, pues los patos y los curritos le daban la voltereta y se quedaba allí llorando horas enteras. Se desarrolló admirablemente el mozo, yéndose a la zaga de su padre por los húmedos senderos que atraviesan la pradera, de norte a sur, de oeste a este; y andando por los riscos y las hondonadas. Frecuentemente tenía que hacer alto el padre para extraer con suma habilidad las espinas que punzaban la carne tierna del hijo o para ceñir bien la correa de los caites que iba dando tormento al empeine del muchacho.

No era nada cobarde, pues luego se hizo a la soledad de los inmensos campos y dejó de sentir miedo ante los pitones amenazantes de las reses. Caminaba sin demostrar fatiga y de cuando en cuando se detenía para lanzar piedras a las lagartijas que corrían velozmente fuera de la espesura o para coger margaritas que esmaltaban con sus corolas la ondulante vereda. Con los años y las fatigas Juan José vino a ser el primer jinete del villorrio y a demostrar la pujanza de su brazo golpeando con la azada, sol tras sol, en el cultivo de las parcelas familiares. Esteban se envanecía de su vigor, así como de los repetidos alcances intelectuales de que daba pruebas el muchacho, en diferentes ocasiones.

Y se amaban.

Para Juan José no existía en el mundo hombre más valeroso ni más honrado que su padre. Lo sabía, trabajador como el que más, escrupuloso en materia de dineros, amante con su mujer y sus hijos, incansable para las faenas campestres y como hombre, capaz de pararse donde se paran los mejores. Una frase dicha en desdoro del autor de sus días y a esconderse el hablador, pues Juan José le hubiera vaciado, sin darle tiempo para encomendarse a Dios, los tiros del especial. Tamaños ojos abría el mozo cuando, bajo la ardiente lumbre zenital, se ponía a mirar cómo saltaban, recios y duros, en un soberbio juego, los músculos de su padre; lo mismo cuando éste derribaba de un solo golpe certero a los novillos rebeldes o domaba la impaciencia de los potros con su arrogancia de consumado jinete. En las inolvidables noches, sentado alrededor de la fogata, muchas veces había soñado Juan José con peligrosas aventuras en el corazón de la montaña virgen, luchando con tigres y dantas, después de cerrar los ojos sobre el materno regazo; y escuchando el relato de las hazañas de su padre, que fue uno de los primeros habitantes de San Francisco y uno de los exploradores más audaces de las crudezas impenetrables; henchidas de misterios; poblados de alimañas y fieras rugientes; defendidas por millones de lianas que impiden el paso borrando las veredas y que propician en la sombra fragante el ataque de la lengua bifurcada que inocula terribles venenos. Así había venido a ser el padre como un héroe legendario.

El cariño del hijo se afirmó notablemente con la vida común, trabajando sin cesar en las rosas y en los plantíos; fatigándose en persecución de las reses sobre las húmedas praderas y afrontando juntos la lucha con los hombres y las bestias, con el vecino que finge afecto y que es, con harta frecuencia, un mortal enemigo que puede convertirse en asesino disparando su escopeta desde la maleza; y listos también para conjurar la cercana muerte cuando una res bravía se enfurece o, durante las temporadas de la montaña, repercute sobre las concavidades abruptas el rugido poderoso de los tigres; el concierto de los aullantes y hambrientos coyotes turba la calma nocturna, mientras el cascabel se desliza silenciosa, cautelosamente, produciendo su rumor peculiar en la hojarasca y la culebra mica lanza sus mortales foetazos. Con una vida así los afectos se fortalecen notablemente en el corazón de los hombres, pues nada los une tanto como afrontar idénticas dificultades y peligros; correr la misma suerte; esperar el mismo fin pavoroso; ver salir el sol rompiendo las nieblas que coronan el lejano dorso de los picachos; ver llegar la noche con una lluvia de diamantes en la cuenca imponderable; tener en común el techo, la comida y la fatiga. Recíprocamente, Esteban llegó a mirar con los mejores ojos y a querer con el amor más entrañable de su recia personalidad aquel muchacho fornido y moreno, que era carne de su carne, médula de su médula y sangre de su sangre.

Así se amaban padre e hijo.

II

Rugía la tormenta...

Indiferente a su estruendo, Juan José caminaba, espoleando a veces su cabalgadura, por el camino lleno de barro rojo y pegajoso. Una legua... dos leguas...! cuánto y cuánto andar sin que terminen esas distancias, ante las cuales los campesinos exclaman: "Allí nomasito es, señor. Una legua bien jalada." Tierra, más tierra, tierra; pasan bosques y montañas; pasan arboledas y plantíos; el sendero se bifurca mil veces; vadéase algún riachuelo crecido con el temporal; huertas...milpas...casas,

¿Hemos llegado? ! Todavía no! y se abre, en la extensión magnífica y lozana, la ondulante vereda. Se desenrolla como una serpentina oscura encima de las praderas, de los valles recorridos por bandadas de palomas monteses...! los valles apacibles donde en las claras noches plenilunares vuelan medrosamente los alcaravanes...! y las mesetas verdes, las faldas calcáreas, el undoso pinar. "Allí nomasito es, señor. Apenas una legua bien jalada" las palabras campechanas del aldeano resuenan como un estribillo irónico, como un malicioso zumbido. Pasan leguas...la tormenta ruge; abaten, buscando la tierra, sus ramas erguidas, los robles nudosos, los pinos de copa fragante; las reinas de las inmensas cuencas azules, huyendo del furor del vendaval, recogen las alas medrosas; bajo los setos arrullan las palomas torcaces. Indiferente al estruendo que se ha armado en la amplitud del espacio, Juan José camina. Y recuerda.

Han llegado a ser indispensables en su vida unos ojazos negros, una bella boca, unas hermosas trenzas castañas, una sonrisa... un rostro. Han llegado a ser necesarios en su vida un par de brazos, un tibio seno, un rítmico vaivén de caderas, un par de piernas morenas, frescas, lozanas; una voz que parece cantara... una mujer: María del Carmen. Aquel cariño se le había metido por los ojos, muy adentro y estallaba en su sangre produciendo un ardor semejante al de los soles calcinantes de marzo. La hija de don Cipriano Moncada concretaba todo el amor de Juan José hacia el terruño nativo. Le parecía que si él guardaba tan hondo y firme afecto al villorrio y a las parcelas familiares, ello era porque a la sombra de los árboles que lo vieron crecer podía encontrar diariamente el remanso apacible de las pupilas de María del Carmen; y tras ella se le iba la mirada como se fuga tras un milagro de atardecer.

Un sentimiento vago que él no sabía nombrar pero que lo enervaba con imágenes risueñas y hacía que una voz suave musicalizara en su sus oídos, le invadía con suma frecuencia. Pensaba en el goce de ser dueño de una casa de dos piezas, con amplio corredor. adornada de cubetas donde se luciera ufana la policromía de los geranios y los claveles; una casita alegre y blanca, llena de cantos, llena de ruidos; con muchas aves de corral cuyas dianas sonoras turban el sueño de la mañana... y con María del Carmen. Se extrañaba cuando, al encontrar de súbito a la joven, en una vuelta cerrada del sendero, se ponías a temblar y el corazón era cual pájaro loco golpeándole el pecho; y sonreía recordando la delicia inefable que era para él oír la charla de la muchacha; escuchándola le venía a la mente la imagen de los riachuelos que van musitando su canción sobre un lecho de guijarros y arenas brillantes y en cuyas orillas crecen lirios blancos, azules campánulas y margaritas. Caminando bajo el cielo encapotado, en medio del oscuro y fragante pinar, Juan José recordaba....

Hizo alto en una altiplanicie desde la cual se dominaba el panorama completo de San Francisco y comenzó a contemplar la extensa sabana verde que moría en una línea indecisa al pie de los remotos farallones. El aguacero había cesado y el viento se iba en fuga loca hacia lares ignotos arrastrando consigo las nubes negras. Gruesas gotas se deslizaban sobre las hojas de los robles. Manchas de azul aparecían en lontananza. La selva húmeda exhalaba un potente y delicioso aroma en ondas de frescura. Juan José miraba absorto el bellísimo paisaje que le ofrecía su aldea ¡bellísimo paisaje, como se encuentran a millares por esos caminos de Honduras. Descendió lentamente y cuando la noche se anunciaba con las sombras que van cubriendo las altísimas guirnaldas de los pinos y el vuelo sofocado de las aves que retornan al nido, estaba el mozo frente a la casa de María del Carmen, volcando el ánfora rústica de sus esperanzas, cerca de la mujer amada que, turbándose un poco, reía discretamente. De los rosales silvestres caía una lluvia de pétalos y el jazmín del Cabo saturaba el aire con su enervante perfume.

En el cielo aparecían las primeras estrellas.

III

Era la celebración de la fiesta del patrono del lugar. Llegó un cura a decir la misa en la ermita blanca que sólo se abría una vez al año. De muchos lugares inmediatos arribaron feligreses para oír el sermón y la voz medrosa de las pequeñas campanas del santuario provinciano anunció la epifanía. Después de la ceremonia religiosa, dio principio la fiesta profana y trinaron las mandolinas; desglosaron las guitarras rústicas su letanía de tristezas y el acordeón emperifollado impuso su fanfarria. Grupos de mujeres, tocadas con amplios pañolones de encendido color, atravesaban la plaza en todas direcciones. Vestidos de gala, con sus engomados trajes de dril blanco, con camisa de pechera dura y cuello alto, el llama o Macholoa adornado con una franja vistosa, los aldeanos se reunían en corrillos ruidosos, bajo las empalizadas de roble o de ocote que se habían levantado a propósito. Cumpliendo su misión, el cabo y los seis soldados estaban atentos para acudir cuando se acaloraban las disputas y el guaro vendido sin regateos en el indispensable estanco, impulsaba las manos diestras sobre la empuñadura de los brillantes cara de gallo.

La fiesta típica estaba en su apogeo. Se bailaba ruidosamente sobre las alfombras de pino fresco que cubrían la tierra; excitados por la fanfarria estruendosa de los valses poblanos, hablaban y reían los bailadores y el murmullo característico de las faldas con muchos revuelos y encajes hacía mayor la alegría. Las hermosas trenzas adornadas con chongos alrededor de los cuales lucían ufanos claveles, iban meciéndose en gracioso vaivén y se cubría de rubores el rostro de las aldeanas, cada vez que se deshacía en piropos el alma de los mozos. A veces se daba tregua a la danza para oír una canción que brotaba fogosamente de la recia garganta, mientras los dedos punteaban con delicadeza y soltura las cuerdas rígidas. Gozaba en la fiesta del patrono del lugar. Errantes golondrinas manchaban, piando, las inmensas cuencas serenas.... bajo los setos arrullaban las palomas monteses.

Esteban Martínez, a pesar de sus cuarenta y seis años, no era tan apocado ni falto de energías para permanecer ajeno al ruido y, bailando a la sombra de las empalizadas, reverdeció el laurel de sus mejores días de juventud. Destacaba su alta figura y su brazo poderoso que había vencido a los robles gigantes de la selva y que conservaba la gloriosa cicatriz de un zarpazo fiero, rodeaba tiernamente el talle ágil de María del Carmen. Desde afuera, vio Juan José pasar a su padre y a la joven, envueltos en la ola vertiginosa del vals y, repentinamente, un sentimiento maligno le asaltó el corazón. Se le cruzaron negras ideas —semejantes a nubes cargadas de electricidad— por su mente. Sintió estremecerse su cuerpo de manera convulsiva y se le erizaron los cabellos mientras gruesas gotas de sudor helado le bañaban la frente. Obedeciendo a un mandato instintivo se le crisparon los puños y comprendió que tenía los ojos inyectados de sangre.

¡Él la quiere también! Esta sospecha se dibujó fugaz, pero briosamente, en su conciencia. ¡Sí él, mi padre, la quiere a ella, a María del Carmen, y la quiere para hacerla su mujer! No sabía cómo, pero esto lo pensaba ahora con perversa obstinación. ¿Quién lo dijo? ¿Quién dio la maldita noticia? ¡Nadie. Nadie me lo ha dicho. Nada he oído... pero sé que la quiere. ¡No me engaño! Allí venían otra vez… lanzaba el acordeón un torrente de notas jubilosas, trinaban las mandolinas, gemía la guitarra. Allí vuelven ...ya pasan junto a él, frente a sus ojos inyectados de sangre… ¡sus ojos que lanzan miradas homicidas! Ella sonríe mostrando la doble hilera de sus dientes limpios; ríe su boca sana y se le forman hoyuelos mientras se encienden de rubor las mejillas. La va largando requiebros. Eso no lo duda, pues él conoce a Esteban y sabe que se pinta con las mujeres...

y la quiere para hacerla su mujer... ¡Su mujer! ¿Cómo no se ha lanzado a arrancársela de las manos? ¿Cómo, cómo hacer eso, si el otro es él? Si no, que si fuera un extraño, ya le habría enseñado a ser más prudente. Y toda la tarde, en la ruidosa fiesta del patrono, Juan José oyó deslizarse la diabólica serpiente hasta que la tuvo enrollada sobre el corazón...le oprimían, le oprimían con rabia sus anillos viscosos...

Después, la sospecha fue certidumbre. Juan José oyó a su padre celebrar con Matías, hombre de su entera confianza, la soltura y el ángel de la hija de don Cipriano, envaneciéndose de su aventurada y feliz vida mujeriega. Su padre andaba tras la María del Carmen, y ésta, que nunca dio una respuesta completa al muchacho, no tardaría en corresponder aquel amor. Así raciocinaba el infeliz. Pero... ¿y nosotros?... ¿Y la Nana? ¿Y los prietos? ¡No, Esteban no haría eso, no podía, no debía hacerlo, no echaría a perder su matrimonio, no abandonaría su hogar después de que había trabajado recio en la montaña y en las parcelas, no era posible que, por un capricho, lo dejara todo y que lo hiriera a él, a Juan José, al hijo mimado, que lo apuñalara de aquella manera!

El carácter de los dos hombres cambió totalmente. Esteban, que antes salía poco de casa y que para reponerse de las faenas le bastaba tenderse en la hamaca a saborear el tabaco de su pipa, solía estarse largos ratos fuera; las cosas andaban en el mayor descuido y se extraviaba el ganado en la inmensidad de las praderas esmeraldinas cruzadas por dos mil senderos. El hijo habíase tornado receloso y huraño. Casi no decía palabra. Jamás alzaba la vista para mirar a los demás; no hacía caso de los niños que lo echaban de menos en sus juegos y si el perro retozaba junto a él, Juan José le daba un puntapié y el pobre animal conmovía la casa con sus lamentos. En la mesa rústica, a la hora del yantar la Nana y Esteban habían notado ya el estado de ánimo de su primogénito; y en más de una ocasión, el padre, con su entera campechanería, golpeaba las espaldas del hijo, diciéndole:

—¿Qué te pasa, muchacho? Vamos, animate. Si es que recuerdas a la Lola ... ¡qué caramba! ...un amor se cura con otro y cuando una vela se apaga cien se prenden... no seas tonto.

Juan José respondía con una leve sonrisa, mirando vagamente hacia el campo donde pastaba el ganado.

No pensaba en la Lola, una muchacha a quien ni se detenía a ver... No pensaba en ella...María del Carmen dominaba tiránicamente en su vida... Pensaba en ella, pensaba en su padre... en aquel tremendo dilema: renunciar a la mujer amada o entrar en lucha con el autor de sus días. Corría el tiempo. El padre estaba alegre, el hijo sombrío.

La joven se percató luego de aquel vivo sentimiento que colocaba padre e hijo en pugna silenciosa y terrible. Tuvo miedo. Una suerte de presentimiento le apretaba el corazón, sofocándola. Ella escuchó deferentemente las ardientes declaraciones de Juan José, pero aunque le era simpático el muchacho, nunca le amó. Cuando Esteban le dijo las primeras frases se sintió honda y extrañamente turbada, pero tuvo la franqueza de recordar al hombre sus deberes para con la esposa y los hijos. Sin embargo, una lucha desesperada alteró su antes plácida existencia. Ella no amaba a Esteban...no debía...no podía amarlo. Se lo gritaba así su sana conciencia. Y, entonces, é por qué esa agitación de su ser, por qué esas interrogaciones que volaban como siniestros presagios hacia el porvenir? Sus padres eran ajenos a lo que sucedía. Esteban ignoraba que ella fuese amada también por su hijo. Sólo ella veía la magnitud tremenda y sencilla del drama. Sólo ella y Juan José. La muchacha no sabía qué hacer. Sentíase débil, amenazada; presentía extraños y terribles sucesos. Esperaba que el cielo, vuelto negro repentinamente, se abriese y bramando se desatase la tormenta.

IV

Juan José estaba trastornado. Había visto cómo María del Carmen se dejó besar, una y varias veces, por su padre. Los había espiado, oculto en la espesura, mientras ellos se entregaban a su amoroso coloquio, bajo los rosales floridos. Y se extrañaba de estar vivo aún. Se extrañaba de que la sangre no hubiese corrido pródigamente... cuando fue a cenar, Juan José midió a su padre con una mirada horrenda, pero éste. alegre como nunca, no reparó en ello. El muchacho estuvo más callado, más taciturno, más impenetrable. Y apenas terminó de comer fuese al monte.

Era noche cerrada ya cuando la Nana, fatigándose de tanto esperar al esposo y al hijo, se fue a dormir. Era noche cerrada...sólo quebraban el reposo los urgentes ladridos de los perros vigilantes; sigilosa, pacientemente, Juan José esperaba, echado a un lado del camino, dentro de la espesura, como fiera en asecho. Esperaba. Una garra formidable lo había sujetado del cuello y lo tenía allí, el pecho contra la tierra, la mirada febril, el dedo sobre el gatillo del especial. Pensaba que si hubiese podido verse a sí mismo, dominando las tinieblas, se habría encontrado horroroso. Creía tener los cabellos erizados...él no tardaría en pasar. ¡El! ¿quién? Sentía miedo de su conciencia y ahogaba la respuesta. Una hora larga....un paso firme sobre el camino....una sombra. Juan José veía fieramente; hubiérase podido decir que en la oscuridad llameaban sus pupilas, como los ojos de los felinos. Veía febrilmente. Sin vacilar hizo fuego. Un relámpago encendió la espesura; resonaron, simultáneos, una detonación y un grito. Luego un lastimoso jadeo y el réprobo, en su escondite, con las pupilas desorbitadas vio doblarse un cuerpo y escuchó una voz que le paralizaba la sangre en las venas:

—¡Me muero! ...socorro! ...Juan José....mu—chacho... hijo...me han tirado... ¡Ay! ...Juan José....me muero....

La vida se iba a borbotones por el agujero negro y se estrangulaban los lamentos.

—Juan José....hijo...mi prieto del alma...tu papa se muere...! Ay! ...se muere...motoneado...la Nana...los muchachos... ¡Ay! ...me muero... Juan José, y no llegarás a tiempo...María...Ma....María del Carmen...

En una arcada violenta la existencia se acabó; y Juan José, loco, desatinado, corrió a través de los campos hasta muy lejos; hasta que fueron a buscarlo para darle la tremenda nueva.

Lo encontró tendido en el catre, amortajado con una manga, entre cuatro cirios parpadeantes. Tenía un enorme coágulo sobre el corazón y el muchacho vio, horrorizado, en la negra masa sanguinolenta, algunos mechones de su cabellera, de sus largos cabellos de niño que siempre anduvo llevando Esteban, como una reliquia, en el bolsillo del pecho. En un rincón obscuro, agobiada completamente, gemía la Nana. Juan José asistió al entierro de su padre en el abandonado cementerio de la aldea. Tétrico y calenturiento su faz infundía pavor. Y, cuando la huesa estuvo colmada; cuando después de insistir en vano por llevárselo, alejáronse los vecinos; cuando quedó solo junto a la oquedad voraz que se había tragado los despojos, el muchacho estremeció la selva negra con sus lamentos desesperados. Vio a su padre, quince años más joven, llevándolo a cuestas por los infinitos senderos; lo vio cuando velaba junto a la cabecera de su lecho y cuando trabajaban juntos en la montaña. ¡Cómo lo había agasajado con sus mimos, cuántas ternuras, extrañas en un hombre tan recio, le decía; cuántas veces se durmió sobre sus hombros robustos oyéndole susurrar una canción; cuántas veces lo llevó en sus espaldas para vadear los ríos o para librar su planta de los garfios agudos de las zarzas! ¡y....cómo lo sabía capaz de dar mil vidas con tal que su Juan José....que su prieto no derramara una lágrima!.

Estaba fuera de sí. En sus oídos, en su alma, bramaba, horrenda, pavorosa, la tormenta. El vendaval rugía. La selva negra se estremecía... el cielo se abría y las descargas estallaban como formidables latigazos en las inmensas cuencas. El trueno rodaba locamente semejante a un desgarramiento de las montañas. Vibra un rayo ...se abaten los gigantes de los bosques ...se doblan, buscando la tierra, los robles nudosos; los pinos de copa fragante. Ruge la tormenta, brama, aúlla una canción desesperada en medio de las arboledas, gime el viento en los follajes como en las jarcias de los navíos, la tempestad ruge, brama, aúlla, silba, canta...un formidable huracán esparce la desolación y la muerte en la conciencia del parricida.

El cielo, el bello cielo sereno no se conmovía, indiferente a las pasiones, los dramas y las miserias de los hombres. La noche estaba plena de aromas y ardiente de lumbres. Juan José andaba sin rumbo...desatinado…sobre los riscos bravíos, sobre las praderas; se metía, sin sentirlo, dentro de los arroyos; tropezaba en los guijarros... golpeaban sus brazos contra el tronco de los árboles; sangraba su cabeza herida por las ramas y las espinas... andaba y en su alma rugía la tormenta.

Y era ya media noche cuando quedó tendido, rotos los huesos, despedazadas las carnes en la tremenda caída desde cincuenta metros, sobre los ásperos guijarros. Expirando abrió los ojos para mirar la última vez, la imponderable cuenca serena. Sobre su cuerpo despedazado brillaba, misericordiosamente, la Osa Mayor,

LA LLAMA

La mañana se abre como rosa blanca en primavera.

—Vea, tatita, no hay nadie que se le vaya a la mano a Juan Blas. Dicen que es de pelo en pecho y ya sabe usted el canal que le hizo a Cupertino en la vela del finado Manuel Maradiaga.

—No es tan fiero el león como lo pintan, Sebastián. Para un hombre, otro. Vos sabés que Rosarito tiene su jalón, que lo es desde el pie hasta la cabeza y no deja sentársele mosca encima.

—Juan Blas los tiene rayados, tatita, y es muy capaz de reírse en las barbas de Alejandro y de los

hermanos de la muchacha, porque la quiere; y cuando la llama arde en el pecho uno tiene hígados para comerse al mundo entero.

—Hay que estar prevenido, muchacho. El día menos pensado habrá velorio.

El diálogo siguió con altibajos junto a la talanquera donde se extasiaban murmujeando las aguas del río. Los hombres habían salido muy mañaneros para ganar tiempo en las faenas; llegaron hasta la talanquera siguiendo el caminito raquítico que trenza circularmente al cerro, con los caites y hasta el ruedo de los pantalones bien húmedos, pues la tierra transpiraba deliciosa frescura; goteaba de los robles y encinas una lluvia finísima cuando las telarañas de escarcha se desmenuzaban lentamente; nichos feos y viuditas hacían travesuras en las ramas inquietas de los arbustos y desde la montaña vecina fluía el trino de los jilgueros. Espantados con el ruido de las voces cruzaban el atajo los conejos y un carpintero suspendía su tlac, tlac, tlac, isócrono, en el tronco áspero del ocote empenachado de verde follaje y lleno de encajes de paste. Un gavilán clavaba gravemente su pupila hipnótica en los dos hombres, con los remos pronto a hender el aire en vuelo vertiginoso, apenas aquellos lo amenazaran en su refugio del esbelto liquidámbar.

—Juan Blas conoció a Rosarito en la fiesta de la Concepción, el año pasado y desde entonces quedó perdido por ella. Desde ese momento principió a piropearla, pero sólo desprecios ha conseguido. La muchacha está chiflada por Alejandro, y Juan Blas las ve negras cada vez que le habla. Pero dicen que es hombre obstinado y donde mete la cabeza nadie lo desvía.

—Los dos son gallos de pelea, Sebastián; porque Alejandro no le hace reparos ni al mismo cadejo. ¡Si mi hijo viviera, ya arreglaría el asunto de la Rosarito!

—Usted tiene que ver por su nieta, tatita.

—¡Ah, si él la viera, muchacho... que gozo había de tener! tan alta, garbosa y retrechera que va por el deshecho blanco, camino del ojo de agua, bajo los ocotes. No sé cómo decirte, Sebastián, pero ella parece un milagro de la Concepción; y cuando canta... ¡me río de todos los jilgueros de Corralitos! ¿No la has oído, muchacho? De madrugadita, cuando llega con el guacal en la mano al corral de ordeño y yo la miro acercarse en medio de los pinos, cruzando el guamilal, me figuro estar contemplando una estampa de la santísima Virgen, como la que dejó la finada Petrona junto a la cabecera de mi cama Me quedo lele y el maldito nuco se pega de la teta hasta dejarla exprimida. Todo ese brío le viene de herencia. Así era su madre cuando moza. En la fiesta de la Concepción no había hembra que le ganara en requiebros y en soltura; de San Ignacio, de La Majada, de Las Flores y del Ojo de Agua, venían mujeres bien aseadas y vestidas, pero todas se quedaban chicas en viendo a la Lola. De veinte caseríos en contorno llegaron a pedir su mano. Mirarla en la ermita, con su falda de zaraza azul y su chal amarrillo, era una fiesta y si bailaba... qué gusto, muchacho! Un día, en el nacimiento de los Valladares, se metieron el machete los hombres de la aldea por un clavel que mordía su boca. Ahora ya está marchita, pero ha revivido en Rosarito.

El sol había apurado su carrera y brillaba verticalmente sobre los conos agudos de los pinos donde el viento canturreaba un lánguido son provinciano. Los campos se poblaban con mil ruidos diversos; bandadas de clarineros chillaban espantados por el hondero que guarnecido en la champa vigilaba los maizales; chorchas, viuditas, nichos feos y enjambres de pajarillos de todo color y tamaño orquestaban el espeso boscaje; los taragones cruzaban de rama en rama con vuelo elegante y preciso describiendo lindas figuras con su plumaje de brillante azul turquí; ruidosamente, como un gran abanico que se abriera, cien palomas se levantaban de la tierra húmeda, llenando el espacio claro de grave murmullo; y sobre todos los ruidos se alargaba por la espesura el grito estridente de los loros.

—Hemos de merendar, Sebastián....el sol está muy alto. —

Bajo el follaje achaparrado de un arrayán gigantesco que metía su raigambre dentro de la linfa transparente del riachuelo, extendieron los dos hombres la servilleta blanca a flores rojas y desanudando el ancho pañuelo atacaron resueltamente, con apetito de quien ha trabajado de firme desde la madrugada, las pupusas de frijoles fritos y las tazas de caldo gordo que les mandaron para el almuerzo.

—Tomá, muchacho, este pedazo de rapadura...¡qué hemos de hacer sino esperar que se llegue la oración para ir a casa a darnos la sabrosera con mantequilla rala!

—Tatita....allá viene Juan Blas.

—Que llegue… ¿qué buscará el indino?... ¿Vendrá por camorra?

El recién llegado era alto, vigoroso y magro. El rostro denotaba resolución y la mirada intensa, coraje. Sobre los calzones de dril oscuro golpeaba un esbelto cara de gallo y en el cinturón repleto de cartuchos, asomaba la culata de un winchester 38. Diríase que el sujeto iba armado para entrar en una línea de fuego, aunque su erizamiento belicoso no era sino el usual y generalizado en todos los campos.

—¡Ajá! Juan Blas…¿se ha perdido el buey milpero?

—¡No hay buey que valga ahora, don Toño! Para mí se han acabado todos los gustos y no tengo ímpetus para trabajar; mis cercas se están cayendo y hasta el rancho se me va a venir encima de repente porque a nada atiendo. Sólo tengo ojos para la Rosarito y ¡lléveme el demonio, pero una vida así no puede continuar! Usted debe hablarle a su nieta por mí. ¡Yo la quiero…no sé decirle cómo, pero siento que se me ha metido en la sangre y que mis venas van a estallar! Usted es hombre y ha vivido ochenta años…usted sabe que cuando la llama nos abrasa el corazón, la vida se nos va en un decir Jesús. Esa mujer me tienta…me tienta espantosamente, don Toño. Se me ha subido a la cabeza como un vaso de aguardiente infernal, y cuando me mira y se ríe en mi cara de los piropos que le suelto... ¡No sé!... Todo lo veo rojo, rojo, sangre, sangre, la sangre de Alejandro, la sangre de Andrés, el hermano que más me odia, la sangre de ella, la sangre de todos! Que me lleve el diablo, pero ya no soporto.

Jadeaba enronquecido; se le oía anhelar como si lo poseyera el estertor de la muerte; las pupilas eran brasas chisporroteando iras de asesinato; las manos en crispatura fiera, como cerrándose sobre un cuello odiado; el rostro moreno cobraba matiz de ceniza y los labios gruesos temblaban, temblaban. En un arrebato súbito, Juan Blas se desplomó en el barbecho húmedo y resoplando con el estruendo de sus pulmones henchidos de oxígeno, se echó a llorar... ¡daba pena en el alma mirarlo así!

—Calmate, hijo… parecés cogido por el Maligno. ¡Carajo! y qué berridos da este pobre. No llorés, Juan Blas, no llorés, hombre. ¡Qué figura hacés! Si Rosario te viera, tendría para celebrarlo durante veinte fiestas con las mozas que vienen a la ermita.

—No diga eso... ¡por el demonio! Cállese, usted, que si no fueran sus años y sus canas ya me le habría ido encima con el machete.

El viejo se silenció porque temblaron todas sus carnes enteleridas ante la amenaza brutal; y miraban él y Sebastián al hombre abrasado en fuego eterno, revolcarse sobre la grama verde, agitado el cuerpo por convulsiones de locura y epilepsia homicidas. ¡Lloraba... lloraba! ¡Dolía el corazón verlo gimotear! La lluvia caliente de sus lágrimas quemaba la corola de los nomeolvides y el viento retozaba juguetón con sus cabellos hirsutos. Lloraba, lloraba... Allá en las sábanas de esmeralda los novillos escarbaban la tierra y la embestían con sus cuernos poderosos, levantando cortinas de polvo; y sus berridos se quebraban en los cerros con ulular rabioso. Respondía al grito desesperado del hombre el alarido de la bestia. Una fiebre erótica quemaba la naturaleza bajo el sol de mediodía. Las mujeres sofocaban la languidez del bochorno envueltas en la caricia refrescante de los remansos sombreados de arrayanes, y el ojo de un sátiro aldeano brillaba como brasa en la maleza; pastando distraídamente, las vacas de tímidas pupilas veían con asombro y temor la iracundia ruidosa del toro; chocaban los cuernos bajo el pinar y una bestia se iba a ras del suelo arrojando las tripas mientras su lamento de agonía se alargaba, se alargaba en el viento. Enronquecía, gimoteando, la voz robusta de Juan Blas...¡lloraba! ...

—La llama, hijo mío... la llama te abrasa el corazón.

Y en medio de la selva, los tres hombres asintieron con velada entonación:

—¡La llama!

—¡Rosarito, eres un primor... la boca se me hace agua por besarte!

—¡Quite allá, viejo cochino! Váyase a su rancho a que le pongan sinapismos de mostaza y emplastos de manteca de altea, que usted parece un espantajo.

—¡Ah! Rosarito ...si me hubieras visto el año ochenta cómo punteaba la guitarra y el acordeón; con qué brillo zapateaba y qué corcovos hacía dar a mi potro alazán...¡te quedás plantada!

—Calle usted tío Zoto ...eso ya pasó. Ahora sólo está bueno para calentar sol tirado en una vaqueta y para que le den faumentos apenas sopla un nortecillo.

—No seas ingrata, Rosarito; acordate que te dormí sobre mis piernas cuando eras apenas ocho kilos de carne trigueña, y más tarde, que ya corrías descalza por los caminos, muchas veces veniste a que te sacara las espinas. ¡Y cuando arriba brillaban las Siete Cabritas yo te dormía cantándote versos de mis tiempos mozos y diciéndote las travesuras de Tío Conejo y Tío Coyote! ¿Te acordás?

—Sí, tío Zoto; por lo mismo usted no debe piropearme. Vamos! Sea bueno y deme aquellos claveles tan lindos que están en los tiestos. Yo le traeré una cumba de mantequilla rala, o cuajada fresca y, si no quiere eso, un sartal de rosquillas, que yo misma hice esta mañana. —

La muchacha se alejaba canturreando por el camino tortuoso, llena de garbo incitante y picardía juvenil, con los claveles robados al tío carcamal.

Se acercaba Nochebuena y Rosario vivía afanosa recogiendo flores y monte para hacer un nacimiento. Cruzaba los senderos con su paso menudo y ágil; y su falda azul y su delantal se llenaban de margaritas, alelíes, nomeolvides y siemprevivas.

Llegaba a la orilla de los riachuelos para cortar lirios o iba a los patios en demanda de jazmines del cabo y claveles dobles y sencillos que abundan profusamente. Cargaba pastes, flores de peña y gallinazos, y toda la casa se llenaba de un olor penetrante a boscaje; a húmeda cañada montañés. Su madre la reprendía a veces por aquella vagancia, pues se metía muy adentro del pinar y de las manchas de robles, encinas y liquidámbares; cualquier día le darían un susto los toros en brama o un cristiano mal intencionado. Reía siempre y contestaba con una chuscada.

—Ayer, un perrito negro, lanudo y muy sucio, se vino siguiéndome hasta la puerta de la casa.

—Yo no lo vi, hija.

—Pero venía, mamá, y los ojos parecían chispas.

—Pues era el Cadejo! ¡Jesús, María y José!

Un día, Rosario regresaba contenta con la grata noticia de haber visto, bajando gallinazos, un panal de jimerito, cuando sintió pasos precipitados. Decidió volver y encontró a Juan Blas. Despavorida echóse a correr hasta llegar a casa. No hubo más escapatorias. Si su madre la interrogaba, respondía con aquella sonrisa que le formaba hoyuelos en las mejillas:

—¡Me salió el Cadejo!

III

Nochebuena. Nochebuena en las ciudades, en los villorrios, en los campos y en las alquerías. En la aldea había, como en todo nuestro territorio, celebración por la venida al mundo del Niño Jesús, con música de guitarras, mandolinas y acordeones; con cantos y zapateados. En el fogón chisporroteaba alegremente la olla nacatamalera y aunque el Mesías no había arribado aún, ya la gente se refocilaba de lo lindo. En un ángulo de la espaciosa sala, el nacimiento de Rosario, semejante a un rincón de la montaña, tanta hoja verde y tanta flor se lucían. Hechos en barro, el señor San José, la Virgen María y el Niño Dios estaban ya en el establo de Belén. Y la mula, el buey y los pastorcillos que llegaban a ofrendar. Fuera, en el patio amplio, se reunieron, en los vecinos bajo la lumbre de las estrellas y de una inmensa fogata. Rosario esperaba inquieta la llegada de Alejandro. Los niños jugaban haciendo corros. Una voz infantil cantaba:

¡Pastores, pastores
vamos a Belén!

Y muchos corazones toscos reblandecíanse en miel de ternura. Con garbo y soltura punteaban los dedos en la panzuda guitarra y una voz cascada se elevaba del grupo:

Si a tu ventana
llega una paloma
trátala con cariño
que es mi persona.

—¡Cállese, tío Zoto.... eso es más viejo que su abuela!

Si a tu ventana
llega un burro flaco....

La frase se perdía en el alboroto de las carcajadas que estallaban, confundiéndose las voces robustas con el timbre de las voces argentinas. Algunas parejas, entrelazadas, bailaban ruidosamente un zapateado o un valse; golpeaban al suelo los pies descalzos, volaban airosas las faldas amarillas de las bailadoras, se agitaban los escotes y las hermosas trenzas adornadas con claveles tintos. De cuando en cuando alguien pedía paloma y una pareja se desintegraba momentáneamente en el cambio de compañero; las gallardas mozas pasaban sonrientes de unos brazos a otros, magüer en ciertos momentos podían oírse murmullos amenazadores presagiando una refriega si la muchacha se negaba a complacer al peticionario. Canciones exóticas, importadas de la capital, eran moduladas por gargantas femeninas:

La vida es así
nos hace llorar
nos hace reír....

La tristeza ajena palpitaba en el cristal roto de la voz aldeana que acaso llorara cuitas muy hondas en las noches invernales, cuando llueve, llueve y llueve sobre los pinares taciturnos que salmodian una elegía por los muertos olvidados en el pobre cementerio cubierto de malezas. El rumor infantil alternaba:

Doñana no está aquí
Está en su vergel,
abriendo la rosa
y cortando el clavel.

—¡Silencio... ¡El abuelo va a decir adivinanzas!

—¿En el monte verdea y en la casa colea?

—¡La escoba, la escoba, abuelo!

"En el monte campirano
hay un hombre franciscano
tiene dientes y no come
tiene barbas y no es hombre".

— El ajoooo.... ¡El ajo!

"¿Una vieja tonta y loca
con las tripas en la boca?"

—¡La guitarra!

"Una vieja con un diente
que llama toda la gente?".

—¡La campana! —

"Morena del alma mía"....

—Cállese, tío Zoto, que Sebastián va a cantar los sones que aprendió en el cuartel, haciendo plaza en Tegucigalpa.

Rencoroso con el muchacho que había aprendido las nuevas canciones, se silenció el vejete; y los bambucos, los pasillos y las coplas fluyeron de labios del mozo acompañados por el son monocorde de las guitarras y el trinar de las mandolinas.

Más de medianoche. Un perro aúlla. La ronda de los fantasmas vaga por el filo de los cerros. "El Maligno" huye ante las cruces de madera. Rosario va a rezar un Avemaría a la Virgen de Dolores de la hornacina. Alejandro no llega todavía.

Vino el novio, arrastrado por Juan Blas. Con el corazón partido en dos por una puñalada, el rostro lívido, los ojos abiertos, la camisa de pechera blanca cubierta de coágulos negros, el cuerpo de Alejandro se desplomó en medio de la sala. Juan Blas había ido al estanco y cuando el guaro y la chicha se le subieron a la cabeza, llegó a esperar al novio do Rosario, cabe a la puerta de ésta, donde se festejaba la venida del Mesías. De un fiero envión le hundió el cuchillo hasta la empuñadura y ciego de rabia cargó con el cuerpo exánime. Bajo el cielo que lloraba estrellas, Juan Blas sentía bañarse sus manos con el raudal caliente de la sangre enemiga; su rival echaba el alma por aquel boquete abierto al lado izquierdo del pecho; la agonía había sido casi instantánea: un estertor breve y el hombre se murió en un ronquido.

—¡Bah, se acabó, echá el alma, perro, con toda tu sangre, que yo tengo la mía podrida! ¡Esta sangre quema… la llama va a acabar con todos!

Cayó la masa ensangrentada e inerte y un gran grito, un grito de mujer, taladrante, largo, agudo; un grito en que aullaban todos los furores y los dolores humanos rasgó el trágico silencio de la noche. Los niños huyeron despavoridos; los espectadores se estremecieron de horror; en las cercanas alquerías respondió el lamento funerario de los canes transidos de miedo. El grito atravesó los pinares y robledales; los bosques y las hondonadas; fue a expirar en las lejanas canteras desnudas de vegetación donde la muerte reina.

—¡Bandido, bandido, bandido! ¡Lo mataste! ¡Lo has asesinado! ¡Has robado su sangre, cobarde..., porque yo lo quería a él y te odio a vos!!

Fosco, la mirada torva, congestionado el rostro, Juan Blas respondió, viéndola de hito en hito:

—¡Sí ...lo asesiné…le di en el pecho sin que él me viera! ¡Lo maté porque lo querías¡ Y yo siento este fuego infernal, este amor maldito que acabará con todos, como acabó con él!

Cual fiera acorralada se vio el réprobo y blandiendo el ensangrentado cuchillo saltó fuera. Quiso correr, tropezó y fuese de bruces al centro de la inmensa fogata, que chisporroteaba en medio del patio. Indignados, los hombres rodearon los maderos crepitantes.

El espectáculo fue soberbio. Dando horribles aullidos, Juan Blas se convulsionaba besado por las mil lenguas de fuego. Cayeron las ropas: enrojecieron hasta el blanco las carnes morenas; un terrible olor saturó el aire; Juan Blas no fue sino un tronco humeante... y luego, un puñado de cenizas.

El canto de los gallos anunciaba el alba. Todos se santiguaron.

—¡La llama…la llama en que ardía su corazón, acabó con él!

LA FAMILIA DE JACINTA

A la edad de catorce años la estupró un chofer. Pasada la primera dolorosa impresión, Jacinta encontró aceptable seguir en relaciones amorosas con aquel hombre. No vivían bajo un mismo techo, sencillamente porque Jacinta no era la única y porque Manuel no disponía de dinero para mantener a una familia. Así como ésta, había tenido a otras y las había dejado: muchachas campesinas que viven a orillas de las carreteras y que se consiguen con un ligero paseo en el carro, paseo del cual regresaban mujeres y con la semilla de un hijo. Trabajadoras de la ciudad que se conquistan en las lunetas de los cinematógrafos o en los mercados. La historia es vulgar y no era Manuel ningún perezoso. Corría con su camioneta, bebiéndose los vientos, y al pasar por algún lugar, voces de timbre argentino y tierno, llamaban:

—¡Papá... papaíto!

Reía él, con risa de macho orgulloso de su obra, y si los pasajeros interrogaban, respondía ufano:

—Así se van dejando... por los caminos.

El garboso y pícaro chofer trastornó el seso a Jacinta. Ella había visto transcurrir sus primeros años como hija de casa pudiente. Comía y dormía bien. Su trabajo tenía poca importancia: cuidar de un chico travieso y enfermizo. Las voces de la patrona le electrizaban los nervios:

—¡Jacinta, que no se moje el niño!

—Sí, señora.

—¡Jacinta... que se cae el niño!

—No, señora.

—¡Jacinta... el niño se moja y tiene catarro!

Aquel "¡Jacinta!", etcétera, lo oía invariablemente desde las siete de la mañana hasta las ocho de la noche, hora en la que el pequeño se dormía.

Los patrones eran buenos con ella. Si enfermaba, le daban medicinas; aprovechaba los caprichos del chico para ir al cinematógrafo; los domingos por la tarde tenía feriado y podía salir de paseo con sus amigas. La patrona le regalaba sus vestidos pasados de moda, y con ellos Jacinta lucía como una señorita del centro. No era penosa ni triste su vida.

Pero ella oyó el canto de las sirenas y se entregó. No salió de casa de sus antiguos patrones, quienes, después de una buena reprimenda al saber que se hallaba embarazada, consintieron en que siguiera con ellos. Al noveno mes, Jacinta fue al hospital público y en aquella sala llena de parturientas pobres vio la luz del sol, por primera vez, su hija Teresa.

Una semana más tarde estaba de nuevo entregada a su faena, con la diferencia de que ya no tenía que cargar al niño, porque éste había crecido y caminaba perfectamente. Desde meses antes, ella había subido al rango de criada de adentro y endureció sus músculos barriendo y trapeando pisos. La pequeña Teresa dormía dentro de un cajón sobre un hacinamiento de trapos sucios; a veces chillaba terriblemente y entonces Jacinta le llevaba un chupón de dulce...

El ingreso de Teresa en el mundo de los vivos no tuvo ninguna importancia; no causó la más mínima sensación. A Jacinta no la sorprendió, ni alteró su modo de ser y de vivir. El único comentario que tuvo el nacimiento de la primogénita fue el de la cocinera, excombatiente en lides de amor, quien dijo:

—¡Vaya, Jacinta! ¡Pronto principiás!

Jacinta reía, hacía su oficio, daba el pecho a la pequeña. Su cara morena y sus muslos prietos estaban en sazón.

Tal como lo predijo la maritornes, cuando Teresa cumplía su primer año, Jacinta hizo otra gracia. El asunto no ofrecía complicaciones. Ir al hospital, internarse en la sala de maternidad y esperar el momento. Aquello era la cosa más simple del mundo. Jacinta se mofaba de las mujeres que hacen tanto aspaviento y que chillan mucho para dar a luz.

Crecían Teresa y Julián al abrigo de los hospitalarios aleros de la casa pudiente. Con el espíritu de las buenas gentes de antaño, madrugadoras y chocolateras, los patrones seguían perdonando a Jacinta sus aventuras. Al fin y al cabo, los chicos para algo servían; pero el diablo tentó a la mujer y una noche salió para no regresar. Había encontrado un nuevo amor; y su hombre, más caballero que Manuel, alquiló un cuarto para vivir con ella. Teresa fue al poder de su abuelita paterna y Julián quedó bajo la bondadosa tutela de sus antiguos patrones.

Rama de veinticinco años, Jacinta había retoñado seis veces. Tenía esa maravillosa condición de las mujeres pobres: ser fecunda. Dos retoños se secaron prematuramente. Jacinta no supo de qué murieron sus hijos, ni los vio médico alguno. Se quedaban fríos en sus brazos, o sobre el jergón hediondo a orines. Jacinta lloraba sobre el cuerpecito muerto. Era su hijo y... ¿acaso no era ella una mujer y una madre como cualesquiera otras?

Los tiempos fueron volviéndose duros. Jacinta trabajaba como una mula para poder alimentar y vestir a los hijos. El alimento consistía en una tortilla con frijoles y sal. Si la amparaba la suerte, logrando trabajo con gente sin tacañería ni mal corazón, la familia de Jacinta se daba la grande vida. Pero con tantos hijos no la querían admitir en ninguna parte y se veía obligada a pagar casa. La casa se componía de una sola pieza de madera en cualquier suburbio y de un solar común con los demás inquilinos. En promiscuidad con vagos, ladrones o simples jornaleros, crecían los retoños de Jacinta, excepto Julián que seguía en la casona solariega. Julián asistía ya a la escuela pública y, después de cursar la primaria, entraría a un taller para aprender un oficio. Quizás no llegase a ser un grande hombre, pero sí un hombre útil.

La menor de las hijas tenía menos de un año y lloraba día y noche, de pura hambre. A Jacinta se le había secado la leche y ese precioso líquido no se consigue regalado. Teresa quedaba cuidando de la pequeña, mientras Jacinta gastaba sus pulmones trapeando pisos, o se quemaba la cara en las estufas y fogones. Ya de noche regresaba a su tugurio y, deshecha, molida, se echaba al suelo, que era su lecho. Si los dos pequeños pedían algo, Jacinta se enfurecía y los golpeaba. Otras veces se derramaba en ternuras, abrazando a aquellos niños famélicos.

—¿Qué quieren?... Les he dado lo que pude traer... Yo no he comido nada.

Esta era la vida de Jacinta. Algunos días se encontraba con Manuel; el chofer seguía siendo el mismo: bebedor, despreocupado y tenorio. Seguía dejando hijos... por los caminos y en las calles.

Había tenido muchos hombres de diferentes condiciones. Los hombres pasaban y le dejaban los hijos. En sus momentos negros odiaba a aquellas criaturas; pero nunca tuvo entrañas para dejarlas abandonadas sobre una acera, cuando estaban recién nacidas, ¡eso no!

Don Federico, comerciante acaudalado y solterón irreductible, era muy generoso con Jacinta. Siempre que acudía a él obtenía pequeñas dádivas. Muchas veces la familia comió con el "tostón" de don Lico. Jacinta lo bendecía.

Aquella tarde la pequeña ardía en fiebre. Jacinta lloraba en silencio. Teresa y César, inmóviles junto a la tarima, abrían tamaños ojos sin decir palabra. A mediodía llegó Julián en una de sus frecuentes visitas. El muchacho solía ir a verles y les llevaba dinero. Ese día no llevó. Jacinta se desesperaba porque no disponía de monedas para pagar a un médico y comprar remedios.

A la oración abordó al comerciante en la plaza:

—¡Don Lico se muere, Tomasita! Présteme algo… ¡Por favor!

—Que venga Teresa...

A las siete de la noche, Jacinta le dijo a la muchacha:

Fuese la hija. Transcurrió una hora. Jacinta no se impacientaba. Arrullaba con un débil resto de ternura que florecía en las breñas de su corazón vuelto áspero por la vida al pequeño ser que se moría.

Pasadas las ocho regresó la hija. Traía quince pesos. Se los dio y ella notó que temblaban las manos de la muchacha. La miró fijamente. Hizo que su mirada le penetrase cuerpo y alma. Teresa bajó la vista. Y Jacinta, arrullando a la niña enferma, agobió la cabeza y recordó a otra muchacha, menuda y morena, que pasaba sus días felices bajo los aleros de una casona colonial.

DESTINO

Por las venas de Fina corría sangre de una familia de renombre social y de abono económico; pero Fina no llevaba, a guisa de un estandarte de orgullo, el apellido de su padre, sino el de su madre, porque era hija natural. Su padre, abogado de nota, era también gran terrateniente. Las gentes se hacían lenguas sumando las cifras a que ascendía aquel capital, en concepto de inmuebles y de intereses. Las hijas legítimas vestían albas muselinas y eran celebradas por su belleza; tenían cortes de admiradores devotos, aunque ya estaban volviéndose jamonas. Disfrutaban de los cuantiosos productos logrados por el padre a fuerza de ciencia y de habilidad financiera. Cuando éste murió, recibieron ricos legados y continuaron su existencia plácida de mujeres semibeatas y semifrívolas.

Los seis hijos que con el ilustre miembro del Foro procreó la madre de Fina, en los ratos de solaz y merecido descanso de aquél —con gran disgusto de la familia legítima y morboso placer de las comadres murmuradoras de la ciudad— supieron que eran pretendientes a unos terrenos baldíos, cuya propiedad estaba indecisa. La vida para ellos siguió su cauce normal sin que la muerte del padre, cuyo nombre se pronunciaba con respeto, pero a la sordina, significase otra cosa más que un vestido negro para las hembras y una cinta funeraria en torno a las mangas de los muchachos.

Para Josefa, la madre, había sido un inmenso honor inmerecido tener hijos con el notable abogado y ese consuelo le servía para conllevar sin quejas ni enojos su pobre vida de "puestera" en el mercado; pero el amante tuvo rasgos generosos que ella no olvidaría jamás y a tales favores debía su venta de ropa hecha y de otros artículos, con la cual durante muchos años había logrado criar a la prole.

Un día que sí, otro que no, los muchachos fueron a la escuela. Las mayores crecían y una tuvo la suerte de casarse con un buen hombre; otra optó por el amor libre; alguno de los varones se fue en demanda de mejores horizontes, hacia la costa, y no se volvió a saber de él; sólo quedaron en el hogar un varoncito, la hermana mayor ya entrada en años y Fina, cuyos quince onomásticos hacían temblarle en el busto unos senos insinuantes y redondearse las caderas, como se redondea el ánfora bajo la caricia del alfarero.

No había en el barrio muchacha más bonita que ella. Cuando iba por las calles, irremediablemente atraía las miradas de los hombres; algún caballero la saludaba; alguna mujer la miraba con ojos de envidia; algún gañán le decía obscenidades... Ella ostentaba, a falta de un traje vistoso, un rostro sonrosado y fresco, con frescura de rosa nueva; una sonrisa suave y espontánea; un aire luminoso de sencillez y de gracia.

Julio la conoció por ese tiempo. El joven sentía vibrar todas sus fibras nerviosas cuando se cruzaban el saludo. Iba a contemplarla todos los días porque no se atrevía a colocarse a su lado. Sólo a verla. Estaba enamorado. Debía confesarlo, pero no se atrevía. La amaba en silencio, conformándose con bebérsela por los ojos.

Julio era un joven tímido; no poseía aún la malicia madura ni la desenvoltura que da la experiencia; sus amores habían sido o imaginarios o románticos; amores de verso y de esquela; de plenilunio y de romanza lírica. El paso de niño a hombre fue vulgar, automático... Bien pudieron aplicarle los pedantes lo que llaman el "complejo de inferioridad".

En estos, como en otros muchos casos, la timidez es un gravísimo inconveniente. Julio pudo gozar fácilmente de aquella adolescencia en agraz; pudo ser suya aquella fruta no madurada todavía; fruta tierna y fresca, con toda la frescura de los jugos de la vida. Un momento de resolución varonil y un adarme de serenidad para hablar con gracia, con desenfado, para cautivarla. Eso hubiera bastado, que lo demás lo hacen el tiempo y la naturaleza.

Pero el maldito complejo de inferioridad le colocó en las piernas unos grilletes y en la boca una mordaza.

La perdió de vista... Se esfumó, se diluyó en las aguas tranquilas, en la calma chicha de la vida cotidiana en la pequeña ciudad. Julio sufrió mucho por este fracaso; la añoraba frecuentemente. ¿Qué hará Fina? ¿Dónde estará? ¿Quién la habrá gozado? ¿Con cuáles palabrotas lo habrían abrumado sus amigos si él les hubiese revelado esta derrota? ¡Esta derrota hija de su propia cobardía! ¡Cobarde!, se decía a sí mismo. Ni el éxito, ni la fortuna, ni la mujer se entregan a los cobardes, a los faltos de ánimo, a los pobres de espíritu.

Las violentas escenas de la vida estudiantil se iban alejando del ambiente de Julio. Las habías escanciado de todas maneras, todas las bravas maneras que hacen el macho o que lo destruyen. Los tónicos drásticos de los licores y los muslos tibios de las queridas o las flácidas piernas de las prostitutas; el día pasado en la cantina alimentando de coñac el organismo de hierro... de hierro juvenil, hierro de veinticinco años; los amores habían dejado de ser platónicos y de mentira. Un cartón universitario de médico y de cirujano adquirido recientemente, después de muchos años de sufrimientos morales y mentales; alguna cana prematura que pugnaba por deslustrar sus negros cabellos; algunas libras más de carne para lastre de aquel cuerpo suyo antes ágil y elástico, de púgil. Insensiblemente se cumplían en él las leyes biológicas; insensiblemente dejaba de ser joven para hacerse hombre así como dejó de ser adolescente transformándose en joven. Le parecía que atravesaba un período de crisis. Sí, de crisis.

Se había hecho un gran escéptico. Las verdades de la sala operatoria, la carne palpitante y la carne putrefacta, le habían enseñado mucho, quizás demasiado.

Descansaba en el canapé, con la puerta de su casa abierta, cuando penetró en la salita una mujer.

—Buenas tardes...

—Buenas tardes... ¡Adelante!

Detrás de la mujer se recortó en el umbral la silueta de una pequeñuela.

Somnoliento por el efecto del abundante vino escanciado en el almuerzo, Julio hizo un esfuerzo y se incorporó.

—Es usted... ¿eres tú, Fina?

En la penumbra vespertina que invadía la sala, los rostros casi se borraban. Fue él hacia el conmutador y encendió la luz. Allí estaba ella, todavía bonita, pero maltratada. No había perdido del todo su belleza. Los ojazos brunos lo miraban detrás de aquellas largas pestañas que tantos años vivieron en sus recuerdos ¡que no había olvidado! Mas la boca... la boca —no— la boca no era la misma, y las mejillas estaban pálidas y hundidas. No obstante, aún era bella.

Hizo él un ademán señalando a la niña que permanecía inmóvil en el umbral.

—Sí... es mía. Es la de Andrés.

¿Andrés? Conoció Julio aquel nombre y aquel hombre. En cierto tiempo hizo época; fue un Don Juan provinciano, tuvo numerosas aventuras y lances galantes. No era un tipo acabado, pero sí vigoroso, elegante y, más que todo, cínico, sin ningún escrúpulo moral. Se jactaba en público de sus conquistas y daba detalles íntimos, hasta que una noche, en la Feria de Comayagüela, dos balas acabaron con su cinismo y sus balandronadas.

Ese era Andrés. Julio ignoraba lo de Fina. Recordaba aquel año en que se veían con frecuencia, cuando iba ella al taller de costurería... ¿Sí? Pues meses después ocurrió el hecho. Andrés la había perseguido mucho tiempo sin conseguirla. Ella estaba muy joven, era inexperta, no tenía ninguna malicia. Una tarde, cierta amiga la invitó a su casa, fue, y al poco rato de estar allí se presentó Andrés. La amiga salió diciendo que regresaría al momento. Andrés cerró las puertas; la abrazó, la besó; ella no tuvo valor para gritar; no pudo... no pudo. ¡Sólo una vez estuvo con él... sólo una vez!

—Pero fue suficiente —reflexionó Julio, mirando con una suerte de odio a la chiquilla, indiferente y ajena a todo.

A pesar de lo sucedido, Fina estaba allí, a su alcance. La contempló intensamente. ¡Con qué furor añoraba a la muchacha fresca, intacta y rosada que encendió su lejano deseo! Su deseo podía ahora realizarse. Había venido sin duda a entregársele, a ofrecérsele...

—¿Y qué haces...? ¿Dónde vives?

—Ya lo ve. Pasando dificultades. Venía a que me facilitara algún dinero... la casa... la niña.

¿Venía realmente con esa intención única o a decirle, a gritarle con toda su carne: ¡Aquí estoy, tú me quisiste, tú me deseaste, pues tómame, tómame como quieras, pero sácame de esta miseria!? Sin duda a eso había llegado. ¿O era simplemente una vividora? ¿Se daba por dinero? ¿Se vendía por un vestido o por un par de zapatillas? ¿Qué era aquella mujer? ¿Quién era aquella mujer?

Julio vacilaba. Tomó dinero del escritorio y se lo alargó. Ella lo recibió murmurando un "gracias, Julio". Todavía estuvo sentada un rato más. Hablaban con dificultad. Parecía que algo invisible, pero cierto, se interponía entre los dos. Él seguía sosteniendo consigo mismo una tremenda lucha. ¿Debía poseerla? ¿Y si era ella una mujer honrada que había tenido un desliz? Todos damos pasos en falso. Todos caemos alguna vez. Entonces, él se mostraría injusto y grosero;

aparecería como un sujeto ruin que compra el dolor ajeno para saciar su lujuria. Además, esa chiquilla y —en el comedor, adentro— estaban sus dos amigos.

Se incorporó lentamente y, con ademanes torpes y una sonrisa equívoca, dijo:

—Adiós, Julio. Muchas gracias.

La había dejado marcharse por segunda vez...

Se había ido y se había quedado. Fuese Fina, la de carne, pero quedó la imagen, el recuerdo, la nostalgia de ella. Eso lo torturaba. Trataba de perdonarla. ¿Qué culpa tuvo? Ansiaba revestirla con la belleza ingenua y fresca, casi luminosa, que tenía cuando la conoció... ¡habían pasado tantos años!

Transcurridos dos meses, la tortura se hizo insoportable. No podía más. Era preciso encontrarla, volver a verla.

Sabía su domicilio y le escribió, dándole una cita. La noche señalada esperaba con una impaciencia extraña, una impaciencia de amante primerizo. ¿Vendrá? ¿No vendrá? ¿Me querrá aún? ¿Será una perdida?...

Ella fue puntual a la cita con el Destino, porque para ambos aquello era cosa del Destino. Algún día debían de amarse, de gozarse.

En la alcoba semioscura hablaban. Él, animado, la confesaba; quería todos los detalles de su vida pasada y presente. Tal vez...

Andrés la abandonó muy pronto; jamás quiso ayudarla; en su casa la martirizaban, sufría mucho y fue entonces cuando apareció José ofreciéndole una vida mejor.

—¿Fuiste con él?

—¡No hallaba qué hacer... estaba desesperada... Tuve otra hija!

—¿Y después? ¿Y después? ¿Cuántos, cuántos más? —clamaba él ansioso, como enloquecido, como aterrado.

—¡No! ¡No! Te juro que ninguno... Te lo juro. Te he querido, Julio, y tú me ayudarás... me ayudarás, ¿verdad?

—Sí, te ayudaré —contestó sordamente.

Se hizo un silencio penoso. Pero en el refrigerador había cerveza. Bebieron y continuaron hablando estimulados. Estaban cerca, en amplios y mullidos sillones. Alargó él los brazos y, tomándola de las manos, la atrajo hacia sí y la colocó sobre sus piernas; se besaron, se abrazaron con ansias contenidas muchos años...

Tendidos en el lecho, Julio apretaba con sus brazos vigorosos un cuerpo flaco; los senos marchitos, las carnes enjutas. Tuvo la sensación de abrazar un cadáver. Apestaba aquel cuerpo. Apestaba a semen de todos los hombres que lo habían poseído. El acto genésico fue breve e incontinente. Julio saltó al suelo y se dirigió al interior, no sin dejar antes sobre la mesita de noche un manojo de billetes de banco.

Cuando él regresó al dormitorio, Fina no estaba ya. Había huido. Se había ido definitivamente de su vida.

Tratando de conciliar un sueño reparador de las emociones del día, Julio sentía que una frase le golpeaba en el cerebro con precisión de reloj...

—El hambre tiene cara de bulldog enfurecido.

VIDAS ROTAS

A Juan Francisco se le fue la sangre a la cabeza cuando vio a Pancho Sosa dar palmadas en las ancas de su mujer. Bajaba el mozo por la falda del cerro, hacia la quebrada donde encontraría a Leonor lavando ropa. Hecha la dura faena del día, nada más grato que regresar por la quebrada para charlar un rato con la hembra, mientras ella terminaba su trabajo. Después subían juntos por las empinadas laderas, gozando mucho al deslizarse sobre los colchones de pino verde que las cubrían, hasta llegar a la pequeña casa blanca de la aldea, que albergaba el amor y la juventud de ambos.

Se habían conocido dos años atrás en un rezo. Sin preámbulos ni ceremonias unieron sus cuerpos y sus futuros. Vino la mujer, preñada de gozo, a vivir bajo el techo que le ofreció Juan Francisco. El aldeano había edificado su casita a fuerza de puños y en virtud de sacrificios. Poseía la vivienda, una pequeña roza, la inevitable huerta, cuatro vacas, un caballo moro, unas pocas gallinas y varios cerdos. Leonor atendía a los animales caseros y los menesteres del hogar, lavaba las ropas y confeccionaba los alimentos. Juan Francisco cuidaba de la milpa y de la huerta; iba a la ciudad a vender las pequeñas cosechas y se esmeraba con los pocos semovientes. Vivían tranquilos y satisfechos, trabajando durante el día, amándose por la noche.

Una oleada de sangre inundó velozmente el cerebro de Juan Francisco. De un salto salvó la corta distancia que lo separaba de la orilla de la quebrada, y rápido, certero, implacable, hundió toda la lengua de acero, larga y fina, bajo el omóplato del otro hombre. Este no tuvo tiempo para volverse; arrojando sangre por la boca cayó de bruces sobre la pequeña poza, hundiendo la cabeza en el agua que se tiñó instantáneamente de rojo. Leonor se quedó paralizada por el susto y Juan Francisco sentía el odio que le crispaba los músculos. Pero ya el otro estaba muerto.

—¡Perro... hijo de tantas...!

Un ruidoso cloqueo se produjo entre las demás mujeres que allí cerca lavaban ropa. Dos o tres hombres y algunos muchachos se encontraban con ellas. Reaccionando, Leonor sacudió vigorosamente a Juan Francisco:

—¡Andate, andate pronto!

Pero su hombre, pasada la espantosa tensión que causó el crimen, había caído en un relajamiento completo. Con ojos de asombro veía la mancha roja, cada vez más grande; la cabeza del abusivo yacía dentro del agua, aumentando este detalle el horror de los testigos. Minutos después acudieron varios auxiliares de la aldea y ataron a Juan Francisco de los brazos.

—Ahora, andando y cuidado con querer fugarse —dijo uno.

El criminal no podía concebir semejante idea. Algo semejante a un rayo lo había herido; como si el enorme cerro que veía enfrente se hubiera desplomado sobre su cuerpo, tal si las aguas turbulentas de una catarata lo hubiesen arrollado como a una mísera hoja seca. Así se sentía.

Durante todo el trayecto, hasta la ciudad, el preso no dijo palabra. Los auxiliares, gente de la misma aldea que lo conocían muy bien, respetaron su silencio y su desconcierto. Mudo, cabizbajo, taciturno, traspasó el umbral del presidio. A su espalda se cerraron herméticamente las rejas de hierro.

Ya habían transcurrido seis meses desde el día fatal en que Pancho Sosa intentó abusar de Leonor. Juan Francisco, impaciente hasta la desesperación en los primeros días, fue serenándose poco a poco. Lo que más le dolía era no ver a su mujer, pues la disciplina del penal no lo permitía, salvo en pocas ocasiones. Leonor llegaba a la ciudad frecuentemente, rondaba en torno a los muros de la cárcel, preguntaba a las queridas de otros reos, se informaba con los soldados de la guardia. Su consuelo era saber que el hombre no había enfermado, pero el no verlo la atormentaba. Ella estaba dispuesta a cualquier sacrificio para obtener la libertad de Juan Francisco. No escatimaba gastos ni fatigas; buscó un abogado y tenía fe; pero todo resultaba tan caro, el dinero se agotaba rápidamente y la causa se hacía larga. Ella pedía a los santos que la iluminasen para salvar a su hombre.

Un día llegó a la ciudad, llevando, como de costumbre, encendida en el corazón aquella llamita de esperanza. Fue a ver al abogado. Él le hizo un relato que Leonor sólo entendió a medias. Obtuvo en claro que era necesario dinero, más dinero. El papel sellado, el viaje de los testigos, ¡había que traer a muchos testigos para probar la inocencia de Juan Francisco! La pobre mujer se debatía en su angustia: ¡Dinero!

Poco a poco fueron desapareciendo las aves de corral; los cerdos pasaron a otras manos, lo mismo el resto del maíz y de los frijoles que Juan Francisco guardaba para los tiempos de sequía. El abogado pedía más dinero. Leonor no podía negárselo y aquello no terminaba nunca. Melosamente, le dijo un día el defensor de Juan Francisco:

—Si usted no tiene dinero contante, yo seguiré trabajando y me pagarán con la casita y los animales que le quedan.

Sentía Leonor como si la apuñalasen, pero no estaba en condiciones de rebelarse. Primero que todo, la libertad de su hombre.

—¿Usted cree, señor abogado, que Juan Francisco saldrá bien?

—Creo que sí, pero hay que trabajar mucho; después del juzgado iremos a la Corte de Apelaciones y tal vez a la Suprema. Ya ve... se necesitan fondos.

—Pues, si no hay otro remedio, como usted lo diga.

Su gran amor campesino llevaba a Leonor por diferentes rumbos en demanda de apoyo para ayudar a ayudar a Juan Francisco. Su instinto despertaba lentamente: pasajeros fulgores iluminaban esas mentes oscuras, y fue en un momento de lucidez que la mujer acudió donde un viejo compadre, personaje de pro en la ciudad, a pedir consejo.

Las palabras del compadre fueron para la infeliz aldeana toda una monstruosa revelación: el abogado no necesitaba papel sellado porque esos procesos se ventilan en papel de oficio; tal vez había hecho algunos gastos, pero no la cantidad que ella aportó con sacrificio de sus animales y cosas queridas. Explicó el compadre que así existen muchos profesionales amorales cuya fortuna la amasan explotando inicuamente a la clientela sencilla. ¡Abogados que deberían estar en presidio, en lugar de los condenados! Todo aquello fue un horrible deslumbramiento para Leonor; descorrido el velo, se encontró en el escenario de su miseria y de su desamparo, sin que toda aquella abnegación hubiera servido a Juan Francisco. Solamente para no cargar con más amargura el vaso de su pena, le dijo el compadre:

—De todos modos, trataré de ayudarles.

Él sabía que era inútil. Inútil porque Juan Francisco, convicto de asesinato, había sido condenado a muerte.

La casita de la aldea y los animales restantes pasaron a manos del rábula. Perdida la propiedad, sin otro camino que seguir, y con el vehemente deseo de estar cerca de Juan Francisco, Leonor marchó a la ciudad y se colocó como sirvienta. Así se cumplió el año justo del negro día del crimen. En sus noches de duelo solitario, encogida dentro de cualquier estrecho cuartucho, lloraba sus secretas penas; ninguna voz la consolaba, ninguna palabra le daba ánimo, ninguna mano amiga trataba de acariciar su frente enfebrecida. Leonor evocaba los azules días de la huerta, cuando en alegre camaradería con Juan Francisco arrancaban las malas hierbas; las mañanitas blancas en las cuales oía cantar a los zorzales; las noches estrelladas. Todo estaba perdido. ¿Todo? ¡No! Aún le quedaba el amor de Juan Francisco, y algún día volverían a reunirse, a trabajar juntos, a caminar por los largos caminos, atravesando los campos borrachos de sol...

Aquella mañana notó Leonor una desacostumbrada animación en el mercado. Las vendedoras y los vivanderos hablaban nerviosamente; muchos dejaban sus puestos y se iban calle arriba, en dirección al presidio. Cuando regresaba a la casa donde servía, ubicada precisamente en un lugar que dominaba la plazoleta exterior de la cárcel, una verdadera muchedumbre alegre e indiferente casi llenaba las calles. Pensó Leonor: "Sin duda hay fiesta. Tal vez la celebración de algún santo". La gente seguía pasando en oleadas sucesivas; en grandes pandillas los muchachos corrían desaforados atropellando a las personas mayores; desfilaban los obreros haciendo comentarios en alta voz; se oían risas. Con la indiferencia de quien sólo tiene un pensamiento fijo y central y para quien la vida se ha mostrado dura, Leonor interrogó a la compañera de trabajo:

—¿Por qué tanto ruido? ¿Hay fiesta?

—¿Fiesta? ¡No! Hoy fusilan a un hombre. De aquí veremos bien.

Leonor reflexionó: "¿Toda esa gente va así, atropellándose, para ver morir a un hombre?". Si los fulgores pasajeros que iluminan la conciencia oscura de los simples se tornasen permanentes y definitivos, Leonor hubiera meditado así: "Estas gentes de ordinario tranquilas: profesionales, artesanos, estudiantes, y hasta mujeres y niños que huyen o se desmayan si ven un hilillo de sangre, van ahora, como jauría enloquecida, empujados por sentimientos morbosos, a ver cómo cae un semejante acribillado a balazos, tal que si fuesen al circo".

Pasaron los minutos. Se hundió más de una hora en el insondable vacío del tiempo. El momento fijado en la sentencia —decían a gritos los transeúntes— era a las once exactas de la mañana. La plaza que circunda el presidio, las calles y los tejados adyacentes estaban abarrotados de curiosos que formaban una confusa masa. Se veían los sombreros negros de los caballeros, las gorras de losó obreros, y en medio se notaba la alegre coloración de los elegantes trajes femeninos de muchas señoritas frívolas que, al calor de aquella anormal excitación, hacían gala de una valentía que no poseían.

Cuando Leonor y su compañera, bajo la presión de la invencible y legendaria curiosidad femenina, se colocaron de codos en la alta ventana, que era para ellas un magnífico proscenio, pudieron ver allá abajo un mar de cabezas del cual surgían exclamaciones y silbidos.

El mar humano se agitó en oleajes repetidos cuando apareció en la puerta del presidio un grupo de soldados; delante de ellos marchaban el juez del crimen, el secretario y un sacerdote, con paso solemne y protocolar; y en medio de cuatro bayonetas, el preso, atado y cabizbajo. Era un hombre delgado y joven. Los rayos de sol, brillando fulgurosamente, impedían a Leonor reconocerlo de momento. Aquel hombre iba a morir a la vista de la enorme muchedumbre impaciente.

En el instante mismo en que el sargento gritó:

—¡Apunten! ¡Fuego!

El preso, colocado ya a la sombra del muro, se irguió y pudo Leonor ver su rostro. El trueno de la descarga se confundió con la unánime exclamación de la multitud y ambos ahogaron un grito; un grito que no se hubiera dicho salido de garganta humana; un grito que concretó la angustia, la desesperación, la orfandad, la negra noche de dos vidas rotas; un alarido tronante como son los alaridos que lanza la naturaleza con la voz de sus fuerzas profundas...

Al volverse espantada, la compañera de Leonor encontró a ésta tendida en el suelo de la cocina, pálida y rígida. Vino inmediatamente un médico y sentenció:

—Un síncope cardíaco... ¡fulminante!

Los dueños de la casa —y los vecinos que se enteraron del suceso— sumaron su comentario a los innumerables que había provocado el fusilamiento:

—Pobre muchacha... ¡qué fuerte impresión le causó!

CARIDAD

Dos niños haraposos —una hembrita insignificante, paliducha y temblorosa, y un varoncito anémico— llamaron a la puerta de la mansión residencial de doña Eugenia.

Abrió la sirvienta e interrogó con voz breve y seca:

—¿Qué quieren?

Medrosa, la niña respondió:

—Andamos consiguiendo. No tenemos qué comer.

Dio media vuelta marcial la fámula, fue al interior y volvió al instante.

—No hay nada.

—Por favor... una tortillita.

—¡No hay nada! —repitió, ya enojada, la mujer; y lanzó la puerta contra aquellos rostros afilados por el hambre, al mismo tiempo que una voz de flautín llamaba desde adentro:

—¿Qué pasa, Juana? ¿Por qué se queda allí? ¡Eche a esos andrajosos... gente vaga y sucia... que se vayan!

—Se han ido ya, señora.

—Gracias a Dios, podré terminar mi crochet.

Un ladrón acertó a pasar por la acera del frente y vio la escena de los niños rechazados como leprosos.

—Bueno, ¿qué les pasa?

—No hemos comido.

—¿No tienen papá?

—Murió.

—¿Y mamá?

—Está enferma en Sipile. Venimos a conseguir para nosotros y ella.

—Vengan conmigo.

El ladrón se puso a caminar con paso ágil y rápido. Los niños le seguían con dificultad, tirados por una vaga esperanza. Cuando llegaron a las orillas de la ciudad, el hombre se acercó a un rancho de estación cubierto con latones viejos, empujó la puerta y les mandó entrar.

—Siéntense.

No había sillas ni taburetes. Solamente un jergón en el suelo y algunos cajones vacíos. Mientras ellos, quietecitos, se quedaron allí, él salió al patio, encendió un pequeño fogón de barro y colocó en la hornilla una sartén. Lo veían los niños entrar, salir y volver afanoso, registrando varios rincones. Al cabo de algunos minutos los llamó.

—Vengan acá... hace menos calor y les tengo un banquete.

Los niños se acomodaron en el suelo y el hombre puso en las manos de cada uno una tortilla con carne cocida, suave y calientita.

—Hay que ponerle sal y naranja agria...

—¿Y usted?

—Ya voy con lo mío...

De un cajón lleno de cacharros y de latas, extrajo una botella con aguardiente y bebió un gran trago.

—¡Ajá!, sabroso. ¡Ahora a comer!

Se sirvió una hermosa ración de hueso y carne, y pocos minutos después terminó el banquete en medio de una gran locuacidad de todos.

—Lleven esto a la mamá y vuelven, si les gusta.

Viuda de un potentado extranjero, era doña Eugenia un dechado de virtudes teologales: fe, esperanza, caridad, se reunían en ella. Aparentaba físicamente un ejemplar de aristocracia: blanca, de estatura mediana aunque un poco abultada de carnes, hermosa; poseía ese fruncimiento especial de los labios que, dicen, es un signo de rancia alcurnia. Viuda y sin hijos, doña Eugenia gastaba su fortuna en canarios, loros, gatos y limosnas para los santos. Las damas de la ciudad, cuando organizaban sociedades benéficas, siempre acudían a ella. Doña Eugenia no faltaba en baile, tómbola y picnic, donde se danzaba, se reía y pasaban las horas amablemente, amenizadas con edificantes conversaciones relativas al calor, o aquellas que se condimentan con el chisme social que publica los adulterios y las enfermedades secretas.

Precisamente el día en que los dos golfos haraposos y tristes llamaron a su puerta, doña Eugenia había recibido una invitación para asistir a una kermesse en favor de los desvalidos. Iría, sin duda. Su corazón era un panal lleno de miel de caridad.

La siguiente tarde, estaba la dama en el alegre local de la kermesse típica, arrellanada en un confortable canapé, su cigarrillo en la boca y su cóctel en la mano.

—Ya he pagado algunos para ayudar a los pobres —decía sonriendo y mostrando sus dientes blancos, perfectos.

La marimba despeinaba sus trenzas de madera en una cascada de sonidos enervantes, y el deseo ardía en los cuerpos jóvenes enlazados en la deliciosa promiscuidad del blues. Allá lejos, al pie de los cerros y al margen de la capital enferma de política y de negocios, dos niños vivían inolvidables minutos, devorando la mísera ración que un ratero había obtenido después de sortear muchos peligros...

AL AZAR

La distancia que separa su pueblo de la capital la recorrió Miguel Fuentes en una sola jornada, a pie. Al salir el sol emprendió la caminata y la noche lo sorprendió caminando sobre el viejo puente de piedra que dejaron los españoles, en el centro de la principal ciudad de su país.

Por el camino tuvo amargas experiencias: el sol abrasador del "veranío" de agosto, que ese año fue muy caluroso; las espinas que le herían las piernas; después del crepúsculo vespertino, ya oscuro, "lo azoraron": grandes piedras cayeron cerca de él, y entonces se dio a la fuga, corriendo hasta quedar casi sin aliento. Cuando por fin llegó a la casa de sus antiguos patrones, donde pensaba dormir, tenía los pies hinchados, que no cabían en los zapatos.

—Buenas noches, señora Mercedes.

—Si es Miguel. ¿De dónde sales, muchacho?

—Pues de mi pueblo... ¿Me puede dar posada?

—Deja la alforja por allí... lo siento mucho, pero ahora tenemos unas muchachas.

—Está bien, señora Mercedes.

Miguel dejó la alforja en un rincón y salió de nuevo a la calle, tratando de resolver ese terrible problema para los desheredados de techo: dónde dormir.

Vagó sin rumbo por las calles entoldadas de silencio. Las puertas estaban cerradas y las plazas desiertas. El reloj de la catedral marcó las once. Miguel trataba en vano de hallar un refugio; y en su aflicción, se acordó de un sitio conocido. Caminó entonces resueltamente hacia el viejo puente de los españoles, lo cruzó, siguió por la primera calle en dirección a la fábrica de hielo y, como hombre que arrojara de su conciencia la responsabilidad de un crimen, se dejó caer, rendido de fatiga, en el volcán de aserrín. El río corre allí cerca, un pobre río, sin ánimos para hacer estruendo.

Dieciséis leguas caminadas en un día son argumento suficiente para convencer de que deben entregarse en brazos de Morfeo hasta a los lores que padecen de insomnio. Miguel Fuentes no era lord, ni padecía de insomnio. Tampoco había cenado. ¡Caramba! ¡No había cenado! ¿Y acaso significaba eso alguna novedad en su vida? Durmió tranquilamente y, a las cinco de la mañana, como si acabase de levantarse de una alcoba antigua, hizo sus abluciones en el Río Grande, se alisó los cabellos con los dedos y salió a la calle.

Miguel Fuentes trataba inútilmente de fijar en su recuerdo la imagen de su padre. A su madre sí le parecía verla aún. Iba rastreando por las calles con su gran canasta llena de frutas o de verduras; él la seguía casi siempre en aquellas duras jornadas que para el niño ofrecían con frecuencia excitantes sorpresas. Algunas veces ella se sentaba en cualquier acera, dejaba de lado la canasta y él la veía llorar, mientras se revolcaba en el polvo. Lo llamaba y le decía, dándole un mango o un aguacate:

—Cómetelo. Mañana no comeremos.

Este "no comeremos... no hay comida" lo sabía de memoria el muchacho desde que estaba muy pequeño; probablemente desde el día en que lo arrojaron al mundo, como se arroja una piedra al vacío.

Sospechaba Miguel que sus antiguos patrones no le permitirían dormir en el desván de la casa, donde vivió dos años maravillosos, con carne cocida y frijoles "parados" todos los días. Su tarea era la de trapear el bonito piso de mosaico, partir la leña y hacer los mandados. Miguel tenía entonces doce años. Las dudas que venía alimentando se fundaban en que la patrona le había dicho meses antes:

—Te veo enfermo, muchacho. Vete al campo.

Por esos días ya no estaba con ellos, porque su deseo de aprender algún oficio lo llevó a un taller de herrería en el cual trabajaba como hombre; pero los visitaba con frecuencia.

Estaba enfermo y necesitaba ir al campo. ¿Enfermo de qué? A veces sentía cansancio, languidez, dolor en las espaldas, un cierto ahogo. Fue entonces al pueblo, donde un tío suyo, y se quedó hasta el día en que, muriendo repentinamente el pariente, hubo de regresar a la capital. Por el camino se decía:

—Vengo mejor. Ahora sí podré trabajar. Iré primero donde mis viejos patrones.

Don Pedro, hombre cuarentón, medio escéptico, medio bonachón, discutía con su esposa la forma de ayudar a Miguel. Decía el marido:

—Me parece suposición tuya la enfermedad de ese joven; su aspecto no es malo, un poco pálido, delgado, sin duda tiene anemia. Dejémoslo en casa, regálale algunas medicinas, unos reconstituyentes eficaces... que se ocupe de hacer los mandados. ¡Y a propósito!... me hace falta un muchacho en el bufete.

—No es posible, Pedro —replicaba la buena de doña Mercedes—. ¡No es posible! Ya antes de ir al campo ese pobre estaba enfermo. Te digo que tiene los pulmones dañados. A mí me da una lástima enorme, pero no podemos. Recuerda que tenemos hijos pequeños.

—¿Y quién sabe lo de la enfermedad con certeza?

—Lo examinó un médico antes de irse.

—¿Estás segura?

—Absolutamente.

Don Pedro reflexionó mientras saboreaba con notoria delicia el tabaco de su pipa. No había derecho para poner en peligro la salud de sus hijos, ni la de su mujer, ni la suya propia. Él era un hombre poco aprensivo; a Dios gracias estaba fuerte y no se parecía a un valetudinario. Pero los hijos son sagrados. Su esposa tenía mucha razón.

El sentido práctico y el celo maternal de la esposa triunfaron sobre el generoso escepticismo del marido; y cuando Miguel volvió, doña Mercedes lo despidió con muchas zalamerías, diciéndole que era lamentable, pero que el servicio estaba completo. La primera vez que lo emplearon tampoco lo necesitaban. Miguel lo sabía. ¿Por qué, ahora que era un muchacho crecido y podía serles más útil, no lo dejaban?

Se fue a buscar trabajo en los almacenes de los sirios: no lo halló. Inquirió, solicitó en muchos lugares. ¡Nada! Tenía dos hermanas en Tegucigalpa; una de ellas había desaparecido sin dejar rastro... ¿Se habrá muerto?, pensaba Miguel. Llegó donde la otra en demanda de auxilio; un poco de comida y un lugar donde dormir. El "hombre" de la hermana dijo:

—Yo no admito ese muchacho en mi casa.

Miguel lo oyó todo y se retiró discretamente, silenciosamente. Vino entonces a su atormentado espíritu la imagen de un señor a quien conoció de niño por haberle servido de mandadero en muchas ocasiones. Su amigo lo recibió afablemente, le hizo algunas promesas de ayudarle a lograr colocación —¡tal vez con él mismo!—, y le obsequió dinero. Aquella dádiva le sirvió para alimentarse varios días en el mercado, pero seguía errante, sin techo, sin lecho; ya su ropa estaba raída. Él no protestaba, no blasfemaba, apenas si se quejaba de su suerte... esperar.

Siguió rondando. Pudo obtener unas cajetillas de chicles y se fue a colocar a las puertas de los cinematógrafos. Vendía muy pocas. Las gentes llamaban de preferencia a otros muchachos. Una tarde, cierto hombre brusco le lanzó a la cara esta bofetada:

—¡Es una infamia... mira cómo está ese chico! ¡No deben permitirle vender!

¿Una infamia? ¿Pero quién le quitaba el hambre a Miguel Fuentes?

Portador de una tarjeta de su amigo, se presentó en la clínica de un médico. Este le hizo muchas preguntas, lo observó atentamente un rato y enseguida le dijo:

—Vamos a tomarle una radiografía.

Miguel se dejaba hacer, deseando recibir buenas noticias.

Pocos días más tarde fue donde su protector. Como de costumbre, lo recibió afablemente, pero Miguel sintió que sus miradas, en las cuales leía una indisimulada compasión, se le iban dentro, muy adentro, hasta los pulmones. Mientras el muchacho esperaba humilde y resignado, el amigo sostenía este soliloquio: "Yo puedo dar a este pobre joven mucho dinero, pero no debo exponerme al contagio. Podría dejarlo a mi servicio para que me limpie el apartamento; dispongo de un cuarto libre y Miguel me serviría mucho, vigilaría la casa en mis ausencias, arreglaría mis libros, llevaría los recados. Sí... pero esas audacias son peligrosas; con la vida y con la muerte no se juega".

Y, saliendo bruscamente de sus cavilaciones, entregó a Miguel un billete de los de a veinte pesos, en tanto que con una sonrisa amable le decía:

—Es conveniente que vuelvas al campo lo más pronto posible.

¿Al campo?, pensó Miguel. ¿Dónde? ¿A dónde puedo ir yo?

Tiempo de Navidad. Miguel Fuentes había crecido, pero cada día se volvía menos fuerte. Rodó bastante en aquel año. En los talleres de herrería, su oficio, no lo admitían porque se veía muy débil para la faena; tampoco lo aceptaban de conserje en las oficinas, ni de mandadero en los almacenes. Miguel desempeñaba cualquier cometido, como ir a aguar las bestias de los vivanderos que llegaban al mercado o cargar bultos sobre sus pobres espaldas, aunque se sintiera desfallecer con los pesos. Había aprendido varias habilidades: recogía colillas del suelo para darse el placer de fumar; sus amigotes lo invitaban a tomar chicha y guaro; llevaba ya en la sangre todos los virus del lenocinio...

Era tiempo de Navidad. Muchas personas, hombres elegantes y niñas frívolas, bailaban alegremente en los casinos y hasta en las calles. La noche estaba fría, esa densa y aguda lluvia de diciembre calaba los huesos. Miguel Fuentes y otros amigos, ahorrando centavos durante la semana, pudieron darse un banquete de Pascuas. En el patio del estanco les sirvieron nacatamales, después de haber ingerido una buena cantidad de tragos de aguardiente. Miguel se despidió de sus amigos y, casi de madrugada, se fue para su domicilio: allí lo esperaba su mullido lecho.

Seguía cayendo aquella lluvia tenue y cruel; caía más fuerte, más fuerte, casi golpeaba ya. Profundamente dormido, Miguel no la sentía. Soñaba... soñaba sin duda con mañanas azules de su infancia, cuando daba vueltas sobre el polvo de las calles como si fuese un perrillo sin amor y sin hogar; exactamente como esos millares de perrillos que ambulan rastreando desperdicios; soñaba con su madre; era buena su madre, ¡cómo lo arrullaba y cómo lloraba, a veces, con él en los brazos! Otros días se enojaba y lo maltrataba, tal vez cuando no había para comer, pero ¡era tan buena!, la única persona que lo quiso y estaba muerta; soñaba Miguel Fuentes con los días gloriosos en los que podía comer frijoles y carne cocida y dormir en el desván de la señora Mercedes...

La policía recogió por la mañana a un muchacho de quince años envuelto en el aserrín de la fábrica de hilo. Estaba muerto. Era un tísico. Sin duda algún ladrón, probablemente algún vago...

JUAN NADIE

El hombre se acercó al poste como a un viejo amigo y se reclinó en él. Me pareció que se habían saludado con una elocuente mudez. Divagando permanecía el hombre arrimado al madero enhiesto que presta el gran servicio de sostener las luces de la civilización; vestía chaqueta gris, pantalón azul de dril, sombrero casi raído, zapatos que a la legua proclamaban su poca piedad para con los pies. Era un rostro inexpresivo, vago, ausente; sin luz en los ojos, sin señas peculiares, un rostro como cualquier otro rostro común. Pasada media hora seguía allí, de pie, inmóvil, como una adherencia del poste de alumbrado; sus miradas apenas se fijaban en los transeúntes y éstos no reparaban en él. Estaba allí y nada más.

Observándolo, pensé: "He aquí a Juan Nadie. Un tipo sin contornos, sin aristas ofensivas, sin blanduras tiernas. Un sujeto anónimo que indudablemente no sabe pensar, que no tiene preocupaciones nobles, ni ambiciones, ni aspiraciones, ni recuerdos, ni rencores; un hombre cosa; un hombre autómata; un hombre sombra. Su rostro no interesa a nadie; su espíritu no vive. Ningún fuego lo ilumina; ninguna llama le consume. Juan Nadie, Juan Cero".

Adivinando mis hirientes conjeturas, el hombre habló:

—Sí —me dijo—, yo soy Juan Nadie, Juan Cero. No aparezco en los periódicos; ninguno se detiene a verme, a hablar conmigo; usted piensa: "Éste no es un hombre, éste es casi un animal, mejor dicho, una cosa". No tengo nombre social, ni político, ni posición económica. Cero, exactamente. Pues bien, mi amigo, cinco vidas, la de mi madre anciana, la de mi mujer y las de mis tres hijos, penden de mi vida. Para los demás, mi vida no vale nada. Es cero. Para aquellos seres, mi vida es todo, mi vida vale un mundo, mi vida es lo más sagrado.

Esas cinco personas viven de mi trabajo, se nutren de mi trabajo, duermen bajo techo por mi trabajo. Allá, en una muy humilde casita, nos amparamos todos. Nuestro hogar apenas alcanza para albergarnos en los crudos días del invierno, cuando los aguaceros torrenciales rugen sobre los palacios amplios y seguros; muchas veces el vendaval ha amenazado con llevarse el techo y las corrientes con arrastrarnos.

Hechos un solo nudo de carne dormimos, mientras brama afuera la tormenta.

También he dormido con mi mujer en tibias noches de estío: allí están esos hijos recordando nuestro amor; pero nuestro amor siempre vive, amigo. El amor florece en medio de las zarzas, así como en los jardines. Yo no hablo, no represento nada, soy un número, ni siquiera un número; después de la faena vago un rato por las calles para descansar; los postes son mis buenos amigos; ellos escuchan mis confidencias secretas; ellos saben de mis penas y de mis ilusiones, de mis tristezas y de mis alegrías íntimas, porque nosotros también tenemos, igual que usted, alegrías, tristezas y aspiraciones, con la diferencia de que las nuestras son calladas. Ahí tiene mi historia.

El hombre volvió lentamente a su sitio. Y después de aquella lección, yo medité: Verdaderamente, no existe Juan Nadie. Todo hombre es alguien.

EL CORVO

La casa es amplia y señorial; una de esas casonas antiguas, de estilo colonial, cuyas diversas habitaciones son grandes, espaciosas, con anchos aleros, patios y aljibes. En los corredores que forman su círculo exterior cuelgan las hamacas, viven inmóviles durante años enteros las sillas de descanso y perfuman los claveles en las maceteras. El salón está adornado con retratos de antepasados, sillones y sillas de factura antigua, y oleografías borrosas. En los dormitorios hay lechos con pabellones, globos de cristal guardando santos, viejas estampas. La cocina es espaciosa, la cal que baña sus paredes impecable; tiene fogón y horno, y está materialmente cubierta de cacharros para usos domésticos. En el solar se ven, erguidos y nudosos, algunos eucaliptos, naranjos y cipreses. Un macho romo y un caballo habitan la caballeriza.

El amo de este feudo es don Pantaleón Vargas, octogenario, robusto, duro, altivo. Don Pantaleón se retira a las siete y está en pie, refrescando con agua del aljibe que hay en el patio, sus aromosas maceteras, antes de que el sol brille; discurre durante horas del día por los corredores, su voz gruesa se rompe en las paredes centenarias; duerme sus siestas en una de las hamacas y con frecuencia, por la tarde, se le ve calzado de altas botas de cuero, gran revólver al cinto y foete en mano, dirigirse a la caballeriza y salir jineteando el pesado macho. Acostumbra beber café o chocolate a las cuatro y, en ocasiones, antes de sentarse a la mesa, va a su habitación, destapa una pequeña garrafa y se sirve un vaso de aguardiente, que bebe acompañándolo de sonoras exclamaciones.

—¡Ah, mis tiempos! ¡Mis tiempos... cuando había hombres!

—¿No hay hombres, ahora? —interroga una voz discreta, velada, que surge de un pañolón bordado, con muchos flecos.

—No, Lupe... ahora no hay hombres —contesta don Pantaleón con una suerte de dolorosa y añeja nostalgia.

Lupe es la esposa. Frágil, blanca y sumisa, se diría la hiedra del roble; la flor del muro. Doña Lupe puede frisar entre los cincuenta y los sesenta años; con más exactitud los cincuenta, pero en su rostro que indudablemente fue bello, en su rostro que tiene el color de la cera de Castilla, se marcan cada hora que pasa, dos largas arrugas y en su boca fina hay una dulce sonrisa de tristeza. Aquellas arrugas son los dos hijos, muertos en la guerra civil, y aquella dulce sonrisa de tristeza es la hija perdida hace años.

—No hay hombres —insiste el viejo—. Mira, si no, a esos muchachos nuestros. Les hace falta sangre, fibra, sol... No he logrado que Mario, que es fuerte, se dedique a la agricultura y prefiere las leyes. Juan, que es débil, sería buen leguleyo y prefiere la tierra. No me los explico.

—Nosotros nos explicamos pocas cosas de estos tiempos, Pantaleón.

—¿Por qué no han de ser como los nuestros?

—Los tiempos cambian.

—Y, las gentes también.

A la hora del desayuno está reunida la familia en el comedor. Don Pantaleón asiste solamente a ver a sus hijos, porque él va para rato que comió su sabrosa ración de huevos, frijoles, cuajada y mantequilla con tortillas; doña Lupe siente el infinito placer de la madre que sirve a los suyos. Los muchachos han ido llegando uno después del otro, rezagados, perezosos y displicentes. Pero ya junto a la mesa surge el buen humor con el apetito y la conversación brilla.

—Ayer enterraron al General Domínguez; buen militar; fuimos compañeros en la campaña del 94, era un hombre sereno... ¡Se acaban esos hombres!

—Ya principias, papá —insinúa burlonamente Mario.

—¿Y qué? —replica el anciano un poco amostazado—. ¿Por qué no debo decirlo? Ustedes no son hombres, débiles criaturas modernas.

—Oh, papá, no nos agravies —suplicó Juan.

—Déjalo —insiste Mario—. Será difícil hacerle comprender. Nosotros no comprendemos a los viejos, ellos no nos entienden a nosotros. Es un siglo y otro siglo. Como si hablasen la casa de bahareque y la de hormigón; como si la diligencia quisiese comprender al aeroplano; como si el clavicordio compitiese con mi radio.

Mario hablaba así, en tono irónico, para dar cuerda suelta a su padre.

—Estás diciendo disparates, hijo. ¿Tú prefieres esa maldita charanga que sale del radio a la armoniosa música del piano? Pues yo no. El piano es un instrumento de salón. Un instrumento distinguido y noble. En cuanto al automóvil y al aeroplano, siento más seguros mis huesos en mi macho, que en esos mamotretos.

—¿Y el cemento armado, papá?

—¿Y sabes tú, hijo, los años de esta casa? No es de cemento armado. Es de puro adobe, teja y caoba.

—Bien. Síguenos hablando de tu amigo el General Domínguez. ¿Era un tipo interesante?

—¿Tipo interesante? ¡Bah! Así les dicen a los catrines de hoy. Aquél no era tipo interesante, ¡era hombre! Los de su generación hemos sido gente de mucho valor.

—¿En qué emplearon ese valor, papá? —insinuó Rosa.

—En la guerra... en la guerra.

—¿Y qué obtuvo el país, qué salimos nosotros ganando, qué ventajas le dieron al pueblo, qué progreso han hecho tus compañeros y tú con la guerra civil? ¿Ruina, desastres, crímenes, miseria? Mira, papá, esos campos fértiles abandonados; esas poblaciones enfermas y tristes; esos niños raquíticos... ¡Esa es tu guerra civil, papá! —increpó Mario, excitándose.

Y continuó:

—Tú dices que hoy no quedan hombres, que los muchachos de estas generaciones somos unos inútiles, que se acabó el valor. Se necesita mucho valor, papá, para cambiar de ruta, para librarse del contagio, para no imitaros, como, durante un siglo, imitaron los hijos a los padres la criminal costumbre de la revuelta; para definir una nueva actitud y enarbolar otras ideas. Ustedes tienen razón de pensar como piensan y de sentir lo que sienten; ustedes son el estático muro, cubierto de lama; nosotros somos el viento que pasa, el agua que corre. Ustedes son el pasado, papá, y nosotros somos el futuro...

—Estás elocuente, hermano —molestó Rosa.

—Déjame dar unas lecciones a este veterano de mil guerras que se está dejando atacar ya por el reuma —dijo Mario, sonriendo cariñosamente al viejo Pantaleón, quien, levantándose, entre pujidos y bostezos, concluyó:

—Otro día sigue con tu discurso. Ahora voy al jardín.

Y salió, majestuoso, robusto, duro y altivo, como aquellos señores feudales. En el corredor, dos enormes mastines acudieron a regodearse en sus piernas musculosas; y ofreciendo un cariño de pequeñuelo mimado, llegó también un terrier.

El solemne viejo lanzó una de esas interjecciones convincentes y rotundas y murmuró en seguida, mientras atravesaba el patio:

—Hasta los perros son diferentes en estos tiempos. ¡Eh! Ese animalito pegajoso que trajo Rosa... ¡Ja, ja, ja!

La vida es apacible y normal en la casa solariega de los Vargas. Don Pantaleón y su esposa distribuyen sus horas en los quehaceres y distracciones propias de sus idiosincrasias y de sus costumbres. Los hijos estudian, tienen amoríos, van al cinematógrafo, danzan, beben cócteles. Mario cursa el último año en la Escuela de Leyes; pero no se satisface con atiborrarse el cerebro con los renglones de los códigos, sino que lee concienzudamente Filosofía del Derecho, Sociología, Literatura, Economía Política. Siente una predilección por las Humanidades. Le agrada pensar.

Juan sigue cursos de Agronomía; desea cultivar la tierra científicamente; la tierra —madre abandonada, exenta de rencores, de ingratitudes y de adulaciones; la buena tierra que puede hacernos grandes y ricos...— pensaba Juan.

Rosa conquistó el título de Maestra y después está siguiendo estudios de Secretariado. Su padre no deseaba que fuera maestra.

—¿Para qué quiero yo una maestrita? —exclamaba en sus arrebatos—. ¿Para qué sirve una maestrita? Que se haga mujer de verdad.

—Sólo piensas en ti —le replicaba Ramón, el mayorazgo—. Sólo piensas en ti. Eso es egoísmo, papá. No eres tú quien va a estudiar Magisterio. Es ella. Tú desaparecerás y ella quedará. Dale educación para que pueda defenderse.

—Con eso no se defenderá, hijo.

—En parte, tienes razón. Eso no basta; pero ya ella irá buscando lo que necesita una "verdadera mujer", como tú dices, según tu concepto; y lo que hace falta a una dama...

Y Rosa estudió Magisterio.

Ramón. Ese nombre llegaba con mucha frecuencia a perturbar el hondo sueño del viejo fuerte. Ramón fue el primer vástago de aquel matrimonio y durante largos años, el hijo mimado. Don Pantaleón sufría a veces de un dolor profundo; era como una cicatriz que se reabría en su alma y que le atormentaba más que las heridas de su cuerpo. Ramón se marchó un día, detrás de su padre, a la guerra civil, y no regresó. Don Pantaleón no supo las circunstancias de su muerte. Después de un recio combate, algunos amigos lo alcanzaron por el camino y le dijeron:

—Recogimos a tu hijo... y le dimos tierraje.

La otra arruga que desfiguraba el rostro sereno de doña Lupe era Ernesto, el tercero de la familia, caído también en una montonera estúpida. Y la dulce sonrisa de tristeza: Aurora. Aurora se había ido suavemente, una fría noche, en medio de muchas velas temblorosas, en el gran salón empavesado de negras blondas...

Además de los retratos de sus hijos desaparecidos, se encontraba en la casa un raro objeto al cual don Pantaleón profesaba extraño cariño. Su mujer y las otras personas le veían permanecer durante largas horas de pie frente a ese objeto, inmóvil, lejano, perdido, como en éxtasis. El objeto adorado era el machete corvo.

Un desfile de fantasmas pasaba ante la nublada vista del viejo; en aquellos momentos de trance oía las voces queridas de sus compañeros de armas, casi todos viajando ya por el misterio; el estruendo de los combates; el pánico de las derrotas; el crepitar de las llamas. Ese corvo lo acompañó durante muchos años de su vida azarosa, cuajada de violencias, estremecida de peligros, aureolada de hazañas. Ese corvo fue esgrimido por su mano recia, que no tembló en la batalla; ese corvo relampagueó en las negras noches, cuando, desde ásperos picachos, rodaban los hombres entre un coro de ayes y de imprecaciones; ese corvo fue el fiel compañero de su vida...

Y permanecía allí, atado a una delgada cinta azul, colgando de un clavo mohoso que don Pantaleón, resucitando la liturgia guerrera de los caballeros feudales, introdujo en la vieja pared cuando terminaron definitivamente sus ímpetus belicosos y se diluyeron en recuerdos.

Aquel domingo, después del mediodía, reunidos en el corredor, donde soplaba un aire fresco para apaciguar la fuerza del bochorno, don Pantaleón y Mario se entregaban a sus perennes discusiones. El anciano amaba al hijo rebelde, a su filosofía arcaica de la vida, precisamente, sin duda, por el contraste que hacía con él cuando joven. A Mario no le agradaban los caballos, ni la equitación, la caza, los trabajos del campo. Peroraba contra la guerra civil y decía que al país le hacía falta verdadera organización; se mofaba de aquellos hombres que él consideraba como enormes figuras de la patria; decía de algunos que fueron analfabetos, de otros, tarados (eso de tarados no lo entendía muy claro el viejo); de otros, farsantes y especuladores de la politiquilla local y de la riqueza de la nación. Permanecía muchas horas sentado con unos librotes en las manos; tenía la incomprensible costumbre de hacer garabatos sobre cuartillas de papel; a veces recitaba; le gustaban el automóvil y la electrola. Sin embargo, el fornido anciano sentía placer durante los paliques con su hijo.

—Sí, papá. Tú y los de tu tiempo han cumplido una misión en este mundo. Ustedes no se dan cuenta de ello y, hasta cierto límite, no son culpables de haber errado frecuentemente. El tiempo, la época, las circunstancias, los forzaron a proceder como procedieron. Y no todo lo que nos heredan es malo, ¡claro que no! En verdad, ustedes tuvieron virtudes y fuerzas desconocidas por nosotros... pero nosotros hemos de ser diferentes, y lo que hagamos será distinto de lo que ustedes hicieron, y lo que logremos será opuesto en mucho a lo que ustedes lograron. Ustedes quisieron hacer una patria con la guerra civil. Nosotros pensamos que es más humano, más eficaz, hacerla con la paz, la inteligencia, la ciencia y el método. Por ejemplo: tú sigues trabajando en la finca con los modos del campesino. Juan desea que le compres un tractor y arados modernos... El país es una inmensa finca, papá...

Mario fue interrumpido por un grito agudo salido del interior. Rosa era quien clamaba:

—¡Papá... papá... Mario... mamá... corran!

Todos acudieron presurosos, emocionados. El viejo parecía el más sereno; sus nervios de acero, acostumbrados a las ráfagas de plomo, no se alteraron, sino hasta el instante en que encontró a Juan, en el suelo, boca abajo, la espalda llena de sangre, el rostro lívido. A su lado estaba el corvo con el tajante filo enrojecido...

Después de los auxilios médicos, Juan explicó el suceso:

—Fui por unas semillas que tenía guardadas en el baúl de cedro que colocó papá en ese sitio, casi debajo del machete. Estaba buscándolas, cuando sentí un golpe seco sobre la espalda. Caí de bruces y luego vi mi sangre... sin duda la cinta se rompió.

Mientras la familia se reunía en esos momentos para oír a Juan, don Pantaleón penetraba grave, solemne, austero, a su habitación.

Tomó el corvo y lo contempló unos momentos. En seguida, austero, solemne, grave, se fue al patio y, en la base de piedra de uno de los pilares, con toda su fuerza, lo rompió en dos. Lejos, arrojados con un impulso hercúleo, fueron a caer los pedazos del corvo, sembrándose en la floja tierra del solar.

Un mes más tarde, ya convaleciente Juan, don Pantaleón llegó fatigado a darle la noticia:

—¡Hijo! Te compré el tractor y el arado moderno.

MOMENTO SUPREMO

Eran muchos, una muchedumbre que se había volcado de la capital y de los campos hacia las fronteras, desparramándose, como innumerables arroyos, sobre el suelo patrio; pero no tenían armas ni municiones.

El contingente más numeroso fue alcanzado por tropas bien armadas en un lugar del Oriente. Descansaban los revolucionarios, en medio de pinares frescos y perfumados, cuando cerradas descargas de la infantería y estallidos de granadas les indicaron que llegaba una hora suprema. La hora suprema en que los más serenos pierden a veces el control de sus nervios; la hora suprema que afloja las piernas de los hombres. La hora de ver la cara a la Muerte.

La confusión fue grande. Una muchedumbre heterogénea en la cual se encontraban veteranos y reclutas; gente del campo acostumbrada a las fatigas de las marchas penosas y gente de las ciudades hecha a vivir apoltronada entre cuatro paredes; indios silenciosos y bravos; estudiantes, profesionales y obreros a quienes un novel entusiasmo lanzaba a estas tremendas aventuras, con el quijotismo propio de la raza. De todo había en aquella muchedumbre sorprendida para hacerle frente a una tremenda realidad.

Los grupos desarmados, la mayoría, se movilizaron hacia la frontera, protegidos por unas pocas decenas de bravos que, para batirse contra un ejército numeroso, reforzado con cañones y ametralladoras, sólo disponían de revólveres. El empuje no se hizo tardar. Compactas columnas de soldados tomaban posiciones; los artilleros emplazaron las piezas, y llovían ya las balas sobre los revolucionarios agazapados detrás de robustos ocotes y en los huecos de la tierra. Caían algunos en el definitivo sopor, muertos anónimos; los gobiernistas entraban en grupos por el campo; tronaba el cañón.

Las granadas estallaban continuamente elevando nubes de pino seco y pedruscos. Erguido en medio de la batahola, el jefe había dado a sus hijos adolescentes que permanecían cerca de él la orden de no palidecer. No palidecer. ¡Mantenerse firmes! Orden de pura cepa castellana y hondureña.

—¡A las máquinas! ¡A las máquinas! ¡A las máquinas! —así gritaban los revolucionarios. Había que callar aquellas infernales ametralladoras que los pulverizaban, que los acribillaban, sin compasión y sin tregua. ¡A las máquinas! Un grupo de indios opatoros, deslizándose sobre la grama como serpientes humanas, logró acercarse a dos ametralladoras emplazadas en posiciones estratégicas. Repentinamente, los artilleros fueron deslumbrados por el mortífero resplandor de los machetes. Sólo fue un momento, pero ¡qué momento! Todo fue casi simultáneo; en una insignificante fracción de tiempo, ocho soldados quedaron rígidos y dos ametralladoras capturadas.

Volvieron los indios con sus trofeos a las líneas revolucionarias, y las máquinas de la muerte principiaron a segar vidas en el lado opuesto.

La decisión de la batalla era inevitablemente mala para los revolucionarios; agotados los cartuchos, tenían que retirarse.

Un hombre, herido, pero todavía en pie, se quedaba solo. La acción estaba perdida. Pocos se batían todavía, en retirada. El hombre continuó disparando su pistola Mauser contra los compactos grupos de soldados que se acercaban ya, dueños del campo. Delante, el enemigo; atrás, la montaña áspera. Estaba en la encrucijada de la muerte; otra bala llegó a alojarse en un brazo, y el hombre cesó de disparar.

Llegaron los grupos de soldados ebrios de ira. Un sombrero Stetson, la pistola, el reloj, la cartera con poco dinero, las botas, fue el botín. Cuando ya se iban, uno gritó:

—¡Rematemos a este bandido!

—No lo necesita. Está bien muerto.

El hombre solamente estaba desmayado. Vino la noche. En el campo del exterminio reinó tenebroso silencio. Las tropas se habían marchado. El hombre permaneció inmóvil, sintiendo escapársele la vida en el manantial de su sangre.

Al amanecer, sentía una sed horrible, y pudo arrastrarse hasta una pequeña quebrada próxima.

Estaba solo en medio del campo. En su brazo y en su pierna heridos progresaba la gangrena. Arriba, en la pizarra del cielo transparente, los zopilotes estudiaban geometría.

EL CORONEL

Solo había conquistado los galones de sargento, pero él mismo se ascendió a coronel. Al acercarse la oración, un viejo enteco y carrasposo subía con dificultades la empinada pendiente que conectaba el barrio pobre donde vivía, en una mísera covacha, con el resto de la capital. En su rostro seco y apergaminado se notaban algunas cicatrices; medio siglo de la historia hondureña podía leerse en los costurones que aquel viejo mostraba en su cuerpo, a semejanza de esos árboles centenarios que vieron el paso de muchas generaciones y que, al cabo de las edades, caen carcomidos definitivamente.

La chiquillería del barrio esperaba ansiosa la oración y, con ella, la llegada de su buen amigo. Reunidos en los callejones lodosos, los muchachos distraían sus pequeños ocios infantiles, fugaces minutos de inefable felicidad, entre el mandado y el puntapié del padre borracho; entre la carga de leña que les produjo una peseta y el susto que les dio el policía; entre la angustia de la madre ante la sartén vacía y la colilla recogida en la puerta del teatro. Procuraban obtener, en alegre camaradería, el mejor rendimiento posible de aquellos momentos en que se sentían libres de sus miserias.

Un grito que ansiaba ser vibrante y que tan solo parecía mugido de buey cansado, llenaba de pronto el estrecho ámbito del callejón:

—¡Que viva el coronel Montes!

—¡Viva! ¡Viva el coronel Montes! —respondía alborozada y ruidosa la chiquillería.

El viejo soldado hacía su apoteósico ingreso en medio de cuarenta muchachos desarrapados y mugrientos, con las crenchas sobre los ojos; algunos ostentando habilidosos cachirulos colocados en salva sea la parte por la madre solícita; otros, sin duda huérfanos y abandonados, mostrando sin recato, salva sea la parte. El coronel era recibido con una serie de estruendosos ¡vivas! hasta que los hombres salían a las puertas gritando:

—¡So, carajos...!

Y las mujeres, desternillándose de risa al lado de los fogones, exclamaban con fingidas alarmas:

—¡Jesús... qué muchachos!

El corro fiel rodeaba al coronel Montes, y el viejo daba principio, entonces, al relato de sus hazañas. El aguardiente ingerido en el estanco de Jeremías le había lubricado la garganta, y entre carraspeos y palabrotas iban saliendo las historias de fieras batallas con hombres y con lobos: de horripilantes degüellos en las crestas empenachadas de magueyes; de escalofriantes episodios en los cuales se veían hileras de enemigos colgados de los caraos; de pavorosos incendios y saqueos de grandes haciendas.

Se podía percibir el aroma de los pastos, el balar de grandes rebaños de ovejas; se adivinaban mujeres en fuga despavoridas y niños crepitando entre las llamas de los ranchos; rostros feroces de indios borrachos que manejaban tajantes machetes; cuerpos de aldeanos despedazados por la metralla; ciudades y pueblos viviendo bajo el espanto de la guerra civil...

—Solo éramos diez bragados. Mi general García me dijo: "Coronel Montes, agarre aquel cerro". De día no podíamos atacar porque los condenados eran muchos; cuando cayó la noche nos fuimos arrastrando hasta las trincheras y los machetes hacían después ¡chis, chis, chis!

Dentro de la iglesia se había metido un grupo de ellos. De las torres nos volaban bala que era un contento; ya nos estaban despachando a todos los muchachos; al general se le jalaba la cara por momentos; estábamos tendidos boca abajo, con los "onces" listos para hacer fuego, en las bocacalles de la plaza, pero no podíamos asomar ni la nariz; aquellos artilleros tenían una puntería colosal. El cuto Hernández, que se las traía de muy hombrón y que lo era —aunque yo lo vi aflojar en Calabaceras— se fue para el estanco del pueblo y se metió varias cuartas, en compañía de un grupo de comayagüelas. Después los invitó así: "Bueno, muchachos: esos carambas nos están reventando la paciencia. ¿Qué dicen ustedes? ¿Nos tiramos encima, como hombres que somos?

Al general se le han bajado los pantalones y está con canillera". Todos gritaron: ¡Adentro, general Hernández! El cuto solo era mayor. Entonces él montó en un gran caballo que se había robado en una hacienda de Choluteca y los comayagüelas le siguieron, echando a correr por la calle recta hasta la iglesia. Los artilleros hicieron fuego sin descanso y muchos muchachos quedaron allí panza arriba: el cuto logró llegar casi hasta la puerta y allí lo voltearon con todo y bestia, pero en el momento de caer lanzó una candela de dinamita y el muro voló. Nosotros, que estábamos cerca, corrimos y capturamos a los artilleros. Solo unos pocos quedaban vivos y fueron fusilados al pie del altar...

Las estrellas principiaban a salir en el cielo magnífico que cobija el barrio pobre y la colonia suntuosa; el coronel Montes dejaba a su auditorio para ir a reposar en la tarima de su covacha. Así un día y otro día.

Pero cierta tarde, el coronel dejó burlados a los muchachos. Lo esperaron hasta entrada la noche sin que apareciera por el barrio. Tampoco llegó al siguiente día, ni en una semana. Afligidos los muchachos por su héroe, acudieron en grupo al estanco de Jeremías. El estanquero llamó aparte a los más grandecitos y, con expresión misteriosa, les dijo:

—No busquen al coronel. Vino aquella tarde con un aire desconfiado y me llevó a la cocina; allí, en voz muy baja, me dijo... "Jeremías... viene la revolución. Yo y treinta muchachos nos vamos con el coronel Maldonado para la frontera". Le repliqué, tratando de disuadirlo: "Es una locura, Montes. No hay nada serio". Volvió a decir: "Vos no sabés. Todo lo tenemos listo. Y saqué mi espada, ¡mi espada que sirvió a Vásquez, Jeremías... a Vásquez, Jeremías!" Y se puso a llorar. Yo estaba en un aprieto, temiendo que le oyeran, y por eso no dije más. Entonces él se fue.

Por los asoleados yermos del sur camina un pequeño grupo de hombres famélicos. Saben de las tormentas, cuando brama el trueno estremeciendo las montañas y de los rayos que ponen espanto en los cabellos; saben de los ríos caudalosos; y de los peligros de las víboras, de las fieras y de la malaria; han sido atacados, rotos, dispersados varias veces por un enemigo superior. Van en busca de sus compañeros, que hallarán en la montaña vecina.

El grupo de hombres flaquea, desmaya, se detiene. Ya ninguno quiere continuar, ya casi todos están rendidos; pero una voz carrasposa exclama: "Sigamos adelante. Los encontraremos. Nuestro deber es triunfar". Y el famélico grupo sigue su camino.

Después de penosas jornadas se reúnen con otros grupos, hasta que forman una muchedumbre. Caminan saqueando pueblos, haciendas y villorrios, sin orientación definida, sin rumbo fijo, sin ningún plan.

Más de quinientos hombres se han agrupado de esa forma. Capturan una plaza, saquean los almacenes, violan a las mujeres, asesinan a los hombres, arrasan las haciendas. Dos o tres ciudades de importancia cayeron en su poder; el pillaje fue espantoso y el botín de los montoneros grande. Por codicia del botín, advinieron hondas diferencias y reyertas sangrientas entre los compañeros de la columna rebelde. Pero algunos muertos y heridos saldaban la disputa, y los demás continuaban su camino sin saber hacia dónde. El jefe era el más atrevido o el más sanguinario. Frecuentemente lo cambiaban, sea porque alguno caía víctima de las balas enemigas o porque no había demostrado suficiente coraje en el combate. Así anduvieron durante un año.

Se encontraban destazando ganado de una hacienda saqueada el día anterior cuando los retenes dieron la voz de alarma. Enfrente, en el horizonte, se divisaba una línea gris. Los ojos de los veteranos curtidos en la montonera trataban en vano de aclarar lo que aquella significaba. Pedro, el corneta, decía:

—Son líneas de encinos.

Algunos se acercaron a un viejo seco y sarmentoso que desde hacía muchos meses los acompañaba sin dar muestras de fatiga en las terribles jornadas de sol a sol, sin quejarse de hambre ni de sed, y le preguntaron:

—Coronel... ¿qué ve usted allá?

El coronel respondió tranquilamente:

—Soldados.

El jefe, un montonero analfabeto, asesino y temerario, los reunió para organizar el ataque y distribuyó los diferentes grupos. El enemigo era bien visible. Estaba atrincherado en las lomas de enfrente y, a juzgar por las banderas, su línea de fuego sería extensa. Sin ninguna estrategia, a la loca, los revoltosos atacaron.

En las faldas de los cerros y en las hondonadas ásperas se vio pronto una confusión sangrienta. Bien parapetados, los soldados disparaban con calma sobre los grupos atacantes, dispersos y mal dirigidos. Los muertos flanqueaban ya las empinadas crestas.

De pronto, sobre el filo de un risco blanco y bravío se recortó una figura. Era un viejo seco, alto, desgarbado; y junto a él, un hombre rechoncho. El coronel Montes ordenó al corneta Pedro:

—¡Toque al asalto!

Vibró el clarín, repercutiendo en llanos y hondonadas; la tromba revoltosa pasó encima del viejo, derribándolo con su ímpetu. Volvió a ponerse de pie en el momento en que una ráfaga de plomo venía de la loma de enfrente; cayó para no levantarse jamás.

Y allá, en medio de nubes de polvo, de humo; del horrible griterío de la batalla, del piafar de los corceles, de los ayes de los heridos y de las explosiones de las granadas, la corneta de Pedro seguía ululando, ululando...

LA BANDERA

Los revolucionarios, en numerosos y abigarrados grupos, estaban llegando a Suyapa. Habían vencido largas jornadas bajo el ardiente sol de estío; venían de muy lejos, salvando montañas abruptas, ásperos breñales y ríos impetuosos. Cinco veces, las tropas del gobierno intentaron detenerlos; derrotas y victorias estaban escritas en las cicatrices de aquellos hombres morenos, desgastados y famélicos. Posiblemente la gran lucha estaba por llegar a su fin; pero faltaban los reductos de la capital: cerros enhiestos y duros, con la dureza de piedras milenarias.

Durmieron en la aldea, después de organizar los servicios de campaña; mejor dicho, velaron, porque ya había corrido el rumor de que atacarían de madrugada. Estaban impacientes, nerviosos, atentos al minuto decisivo. A eso de las cuatro de la mañana, muchos oficiales recorrieron los campamentos; la orden de formar circulaba. El general en jefe había designado las columnas de asalto: indios opatoros y guajiquiros; gente de Tegucigalpa. Aquellos que quedaron por fuera protestaban:

—¡Queremos pelear!

—No es posible —replicaban los superiores—, ¡no hay armas para todos!

Se había escogido a la flor y nata del ejército revolucionario de Oriente. Opatoros, guajiquiros y tegucigalpas, ¡gente aguerrida, temible, tenaz! Sigilosamente, las columnas se pusieron en marcha, avanzando hacia los campos aledaños a la capital. Una luna pálida y anémica los veía pasar como sombras.

Al aproximarse a los potreros que se extienden al pie de los cerros, se detuvieron para tomar el impulso épico. Allí enfrente, negro, empinado, desafiante y trágico, estaba "Juana Laínez"; su imperfecto cono se dibujaba en la vaga claridad de la aurora, y el silencio que en él reinaba era más impresionante. Reptando sobre las hierbas, hiriéndose en las zarzas, siguiendo el cauce de las quebradas secas, los revolucionarios se aproximaban al temible baluarte. Ya habían comenzado a escalarlo, ya llevaban un buen trecho; pero, inesperadamente, un soldado inexperto, contra la orden superior de no hacer uso de las armas para sorprender al enemigo, disparó su fusil. Un minuto más tarde, la altura se coronó de relámpagos, y en la antes quieta madrugada se oyó un estruendo aterrador.

Al ser descubiertos, los asaltantes no tuvieron más remedio que lanzarse resueltamente hacia arriba. Con un ímpetu temerario, bajo las cortinas de muerte de las ametralladoras, corrían como enloquecidos, disparando sus fusiles. El fuego de las trincheras gobiernistas era intenso; y pronto se disiparon las brumas, apareciendo el sol, indiferente a las matanzas fratricidas. La situación para los atacantes se volvió terrible: colocados en medio del cerro, que los defensores habían limpiado de maleza, a plena luz, intentaban escalar una pendiente bajo ráfagas de acero y plomo. Pero no flaqueó el valor hondureño: eran tegucigalpas, opatoros y guajiquiros, acostumbrados a jugar con las balas.

—¡Arriba... pronto, sin detenerse! —gritaban los oficiales.

Los compañeros iban quedando tendidos en montones ridículos por las faldas del cerro trágico; grandes lamparones de sangre, como monstruosas amapolas; hombres destrozados por la infame bala del calibre .11, apagados quejidos y gritos rabiosos. La marea asaltante subía y bajaba sin cesar; nuevos contingentes entraban al fuego. Muchos hombres intrépidos venían armados solamente con machetes, pretendiendo llegar hasta los reductos de la altura.

La capital entera temblaba bajo el tronar de los cañones del "Picacho" y de las ametralladoras de "Juana Laínez" y "El Guanacaste". La línea de batalla se había extendido, y bajo aquel esplendoroso sol de estío, en las campiñas y los setos donde tranquilamente pastaban otrora las vacadas y cantaban los pájaros, se desarrollaba un soberbio y macabro espectáculo. El estridente canto de las chicharras había sido sustituido por el tac-tac-tac incansable de las ametralladoras; el mugir del pacífico y resignado buey, por el estruendo ensordecedor de los cañones; y las pláticas campechanas de los labriegos, por los furiosos alaridos de la pelea.

Días antes, las llamas habían devorado las malezas y arbustos que cubrían las faldas de "Juana Laínez", y los revolucionarios ofrecían así blancos facilísimos a los defensores, colocados en el vértice del cono, detrás de altas y gruesas trincheras de piedra. Los asaltantes fueron diezmados, y sus esfuerzos resultaron estériles. Pero algún ancestro, ¡manos de indio indomable!, animaba aquellos corazones épicos. Un grupo desgastado y cubierto de sangre llegó al borde mismo de las trincheras; la lucha cuerpo a cuerpo fue insólita: silbaban los machetes y caían las cabezas. El empeño de aquel grupo se disipó en una espantosa confusión de hombres, armas y relámpagos.

Un muchacho, un tegucigalpa, había subido con la bandera revolucionaria. Durante cuatro horas mortales, aquella oriflama flotó en medio del humo, desgarrada por la metralla, sin plegarse, invicta, sostenida por los brazos del abanderado, cuyas fuerzas centuplicaba el coraje. Y llegó a la cima. Jadeante, ensangrentado, el muchacho clavó la bandera sobre el reducto de "Juana Laínez", para caer inmediatamente después, acribillado a balazos. El estandarte flameó unos minutos sobre el cerro trágico, porque los refuerzos gobiernistas habían llegado apresuradamente, y ya no quedaban revolucionarios batiéndose en la altura. Estaban muertos, desmayados o se reunían allá abajo, en el cauce de las quebradas secas que les ofrecían protección contra las cortinas de muerte de las ametralladoras y los golpes brutales de las granadas. Estaban reuniéndose y contándose: faltaban muchos.

De noche, "Juana Laínez" se iluminó repentinamente. Los habitantes de la capital y los revolucionarios que velaban en los campos aledaños vieron un dantesco espectáculo. Penachos de llamas coronaban el ensangrentado cerro. Parecía un volcán en erupción. En aquellas llamas se consumían muchas almas valerosas.

FESTÍN

Quinientos hombres en las lomas. Mil en el llano. Eran los sobrevivientes. La batalla, desmenuzada en innumerables combates parciales durante tres días, continuaba indecisa al cuarto. La artillería del bando que ocupaba la llanura lanzaba granadas mortíferas contra el bando que, atrincherado en los cerros, resistía los asaltos del enemigo. La topografía accidentada del terreno, con varias colinas cubiertas de verdes pinares, y en medio la llanura ondulada, fresca y húmeda, ofrecía un hermoso panorama. En las alturas flameaban banderas de un color chillante por lo encendido. Abajo, como follajes agitados por el viento, ondeaban estandartes de otro color. Los clarines horadaban el espacio con alegres dianas, fanfarrias enloquecedoras o lúgubres toques de silencio. Piafaban impacientes los corceles. La fusilería llenaba de relámpagos y de truenos el ámbito espacioso. Oscuras columnas de humo pretendían ensombrecer el ardiente sol. Arroyos murmuradores corrían en medio de peñas vestidas de helechos y de orquídeas. Hedían los muertos que no habían sido incinerados, y muchos heridos, sin cuidados médicos, agonizaban lentamente. Bajo el cielo azul plomizo, grandes bandadas de zopilotes dibujaban extrañas figuras. Por las noches se oía el estridente aullido del coyote.

El cuarto día, la artillería de la llanura golpeó con rabia creciente a los hombres de las alturas. Desmoronándose las trincheras de piedras, caían los compañeros, se aflojaba el ánimo; se veían por doquier caras pálidas, ojos muy abiertos, pechos anhelantes y mandíbulas alargadas. Los árboles heridos por la metralla soltaban sus ramas, que producían golpes mortales; una veintena de caballos enloquecidos se precipitaron en un abismo. Los clarines seguían ululando con notas del más alto furor homicida. Pero la artillería de la llanura continuaba implacable.

De pronto, del montón anónimo, surgió el héroe del momento. Un hombre más resuelto que los demás gritó, enarbolando su temible collins, que resplandeció al sol como una llama:

—¡Compañeros!... ¿Qué logramos con dejarnos matar aquí? ¡Vamos a ellos! ¡Adelante! ¡Ya, degüello!

El clarín vibró como un alarido. Centenares de alaridos estremecieron la montaña y llovieron sobre la llanura. Centenares de hombres, de diablos, bajaban corriendo por los cerros. Eran poseídos, eran endemoniados, nada los detenía, ni la metralla, ni los fusiles.

Cayó sobre los hombres del llano el alud de machetes tajantes.

—¡A degüello! ¡A degüello! ¡A degüello! —ordenaba el alarido del clarín.

Gritaban los asaltantes:

—¡A degüello!

Rodaron a tierra los coroneles, cayeron los generales; el suelo bebió sangre, mucha sangre, ¡más sangre roja y caliente! Los cañones enmudecieron: rígidos, descabezados, yacían los artilleros al pie de las cureñas. Los fusiles estallaron con menos rabia; los machetes estaban tintos.

Herido, agonizando en medio de un grupo de vencidos, estaba el jefe. Los temibles machetes se alzaron sobre aquellas cabezas. Una voz vibró cual un clarín:

—¡Nadie se atreva a tocarlo!

Y el héroe del momento se acercó.

—Gracias —murmuró el jefe caído—, mi espada para este valiente.

Hálitos calcinantes abrasaban la llanura. El verdor de la campiña era púrpura a trechos. Las linfas de los arroyos estaban rojas. Más encendidos los colores, flameaban orgullosos los pabellones triunfantes. Formaron los hombres que habían bajado de las alturas. Formaron, y a las voces de mando se lanzaron por el camino de la capital.

Sobre el campo silencioso, en la tarde gris y púrpura, inmensas nubes de aves negras se cernían, y de las hondonadas subía el aullido del coyote.

UN CRIMEN

No me explico cómo, en cuál satánico minuto, bajo qué diabólica presión, yo, Antolín Sinfuego, hombre perfectamente normal, burgués tranquilo, respetuoso con la ley, las autoridades y los semejantes; bueno hasta con las hormigas, reposado y metódico, no me explico cómo llegué a la perpetración de un crimen tan horrendo.

No fue por mandato del demonio alcohólico, pues solamente habíamos ingerido dos aperitivos. ¿Será algún perverso ancestro que llevo dentro de mí, otro ser completamente diferente del mío, alguien violento, pendenciero, valiente y cínico como un corsario o como un condotiero? Recordemos, ascendiendo por el árbol genealógico que se eleva hasta las nubes brumosas de la Colonia. A los que están más alto no los puedo determinar; ignoro quiénes fueron y cómo se llamaron. Levemente pasa ante mis ojos la imagen de mi bisabuelo, pero no poseo datos sobre su persona ni su modo de conducirse. A mis abuelos paternos y maternos sí los recuerdo muy bien. Desde ellos, bajando por mis padres hasta llegar a mí, no encuentro una sola huella criminal. Vidas anónimas, vidas monótonas, sin alteraciones, sin colorido, sin fuego. Exactamente: por eso yo me apellido Sinfuego, porque nuestro árbol genealógico jamás fue herido por el rayo de la tragedia; porque nuestro cielo cotidiano nunca fue estremecido con las detonaciones del trueno; porque mi ser y mi vida han sido hasta hoy remansos silenciosos; porque la pasión no ha causado en mi alma ningún cataclismo. ¡Mísera vida! ¡Vida que no merece ser vivida!

Ahora todo ha cambiado. Yo soy un criminal, soy un asesino. Examinarán mis rasgos faciales y dirán que soy un criminal nato. Tendré que nombrar un abogado defensor y el fiscal lanzará sobre mi cabeza tremendas acusaciones. Lo más probable es que me condenen a morir agujereado por media docena de onzas de plomo. ¡Me estremezco, tiemblo! ¡Dios mío, qué hice...! ¡Dios mío, qué pavor!... Estoy sudando frío, siento las palpitaciones de mi corazón como los golpes que da con sus cascos un caballo desbocado.

Voy a reconstruir la escena: usualmente nos reuníamos por las tardes, sin ningún fin predeterminado; nos reuníamos en su casa para oír un poco de música. Él era un fanático de la música selecta y yo amo mucho el vals, el divino vals vienés. Nos deleitábamos escuchando esas armonías que transportan al hombre fuera de este mundo vano y ruin. Como era él un gran conversador, yo disfrutaba ratos de amenidad con su palabra fluida, llena de interés, de emoción y de gracia; siempre estaba de buen humor y cuando habíamos bebido, su locuacidad era inagotable.

Esa tarde, recuerdo, la atmósfera estaba cargada de electricidad; grandes nubarrones sombríos pretendían arropar los edificios; la tormenta venía encima. En el tibio y acogedor ambiente del apartamento donde habíamos vivido muchas horas amables, entregados a nuestras tenidas musicales rociadas con nepentes o en amorosos arrebatos con amigas obsequiosas, nosotros no temíamos la tormenta que, dentro de breves minutos, azotaría la ciudad. Cómodos divanes y cojines chinos ofrecían inestimable descanso al cuerpo, y, rodeándonos, jarrones japoneses, muñecas de Tanagra, vasos de porcelana, lindas bagatelas. El ajenjo perlaba el límpido cristal de Bohemia y nuestros espíritus comenzaban a vagar por las ignotas regiones que Charles Baudelaire llamó "los paraísos artificiales". Una música suave se esparcía en la sala como volutas de humo impalpable...

Una frase, una sola frase, ¡oh, no la recuerdo, no puedo recordarla! ¿Qué injuria me hizo? ¿Cuál sarcasmo envenenado con toda su insuperable ironía hizo blanco en mi amor propio? ¿Qué tremenda palabra me hirió? Fue una puñalada, sin duda. Una terrible puñalada con sus labios finos y desdeñosos, sus labios de hombre de mundo. Fue una mortal puñalada aquella, porque, al sentir mis carnes y mi orgullo quemados, me lancé sobre el revólver que estaba en la mesa de noche, su propio revólver, y disparé... disparé con saña, con rabia. Oí su grito, un solo grito de espanto, de asombro, de pavor.

—¿Qué te pasa? ¡No dispares más!

Eso pudo decir después de la primera bala, pero yo no le atendí y disparé hasta vaciar el tambor.

En la calle se produjo un gran estruendo. Los vecinos acudieron y la policía forzó la puerta... No, yo mismo la abrí. Estaba ya sin fuerzas, sin ánimos para oponer resistencia, estaba idiotizado. Me desarmaron y me sacaron del apartamento. Él quedó tendido sobre la alfombra, su riquísima alfombra de Damasco; lo vi por última vez, blanco el semblante, tranquilo en la definitiva quietud. Del pecho y del vientre salía sangre que iba dejando sobre el pavimento rosas rojas, como las que agonizaban en los jarrones japoneses.

—¡Dios mío... Dios mío! ¡Qué horror... soy un asesino... me matarán... me matarán por asesinar a mi mejor amigo!

—¿Qué ruido es ese? ¿Los muelles de los fusiles? ¡No me maten! Sí, yo lo maté. ¡Fuego!

Las cinco de la mañana. El reloj despertador ha campanillado estridentemente varias veces. Antolín Sinfuego se incorpora en el ancho y mullido canapé. Por las ventanas se introduce un amanecer sonriente y azul. Antolín bosteza largamente, alza los brazos, estira las piernas, se lleva las manos a la cabeza. ¡Duele la cabeza!

—Tendré jaqueca —piensa—. No, son los efectos de la noche anterior. Pero ¡qué noche tan horrible, qué espantosa pesadilla!

Temblando del miedo que le produjo su crimen, Antolín salta y va en busca de su amigo. Lo encuentra en el lecho palisandro adornado con molduras antiguas, sumergido en el profundo sueño del nepente que amó Baudelaire.

AVENTURA

Era un cóctel hecho con whisky escocés y vino de Málaga. Extraña mezcla de española e inglés, forjada en las orillas del anchuroso Mississippi, donde se bate ese otro cóctel con champaña francesa, ron cubano, moonshine y vino Chianti, que han bautizado con el nombre de New Orleans.

Sol y bruma, alegría andaluza y audacia yanqui, pandereta y sport. Una de esas interesantísimas combinaciones de razas que se encuentran en la ciudad que fue de los españoles y de los franceses, y que más tarde Napoleón I, mal comerciante, vendió a los Estados Unidos, con toda la fértil Luisiana, por unos milloncejos.

Viajaba en un "crucero" visitando los puertos del Caribe y solía decir:

—¡Qué interesante es el trópico! Oh, coconuts, bananas, "nativos" descalzos, cerveza, curiosidades típicas! ¡Ah, el trópico!

Aquel muchacho gallardo, pero serio, le había interesado; no era precisamente un interés romántico, sino cierta curiosidad femenina. En el barco iban muchos hombres con quienes podía flirtear. Sin embargo, aunque otros lucían más vigorosos y alegres, él era quien la atraía.

Reclinado en la borda, veía con fruición las ágiles volteretas de los peces voladores y los saltos de las toninas. De pronto, se sintió envuelto por una fragancia enervante, y al volverse encontró un bello rostro inclinado sobre su hombro. Ella, sonriente y maliciosa, atisbaba cuál era el objeto de aquella contemplación.

—Buenas tardes, señorita.

—Muy buenas. ¿Se divierte viendo a los peces?

—Sí, bastante.

—A mí ya me fastidian.

—Lo lamento.

—Bien. ¿Hacemos algo?

—Como usted desee.

—¿Este juego de a bordo?

—No sé manejar esos palos.

—¿Tiene un cigarrillo?

—No fumo, pero voy por uno al bar.

—Gracias. Es extraño que usted no fume. Todos los hombres lo acostumbran.

—¿Todos? Yo soy hombre...

—¿Jugamos ajedrez?

—Nunca he visto una reina...

—¿Bridge?

—No sé.

—¿A las damas?

—No tengo experiencia.

—¿Póker?

—No sé.

—¿Qué hacemos, hombre? ¿Vamos a la piscina?

—No sé nadar.

—¿Qué propone? Pues invente algo.

—Realmente estoy confuso... no sé qué; podríamos bailar... si yo supiera el big apple o la conga y si usted no despreciara los valses antiguos, pero... ¡ya ve!

—Entonces, ¿quiere que me someta a la tortura de leer? ¿Qué librote es ese?

—El Poder en los Hombres y en los Pueblos, de Bertrand Russell.

—Ah, usted es un político. Por eso es tan circunspecto. Yo no entiendo de política; no me explico por qué los hombres disputan, se odian y se matan por eso, siendo tan amable que cada quien viva su propia vida y siga su camino natural...

—No soy un político como usted piensa. Me agrada leer, es un sedante... Y no la someteré a la lectura, porque ya encontré algo para los dos.

—¡Vamos! ¡Dígalo pronto!

—El bar.

—¡O.K., al bar!

—¿Mozo?

—Señor.

—¿Qué desea, Miss Smith?

—Un daiquiri.

—¿Y usted, caballero?

—Whisky con soda.

—Oh, nunca estamos de acuerdo.

—Tratemos de hacerlo. ¿Tomamos whisky con soda?

—¡O.K.!

Al cuarto highball, ella comentaba las opiniones de Bertrand Russell y él estaba silbando el Lambeth Walk.

Los ojos negros del varón y las pupilas indefinibles de la mujer se confundían en una sola llama invisible.

El la esperaba en el refugio hospitalario del bar. En toda la mañana —era ya mediodía— ella no había aparecido sobre cubierta. Hasta muy tarde oyó la ruidosa música de la orquesta de jazz, los gritos y las risas que salían del salón de baile. Hubiera deseado estar con ella, bailar, pero su mentalidad latina y su educación sentimental exigían una muy blanca luna reflejándose sobre las olas, mujeres lánguidas y valses de Strauss. Con aquellos endiablados muchachos que parecían estar siempre en la cancha de rugby o en el ring, y aquellas mujeres que mostraban las desnudas espaldas desolladas por las quemaduras del sol, mal se podía asociar su lentitud tropical, su filosofía de la vida, su mocedad briosa y apasionada, pero diferente.

Viajando del highball al libro y viceversa, tomó la estilográfica y, distraídamente, escribió algunas palabras. La misma fragancia conocida lo sustrajo de su aislamiento intelectual. Ella estaba a su lado, enfundada en un vistoso pijama coronado con un estrambótico turbante rojo.

—¿Escribía? Déjeme ver.

—No. Son tonterías... divagaciones.

—Yo quiero ver... —insistía, leyendo ya.

"Poema de la nueva alegría"

Hombre cansado y triste,
prematuramente viejo.
Hombre que a los seis lustros
peinas canas en el espíritu.
¡Modernízate!
¡Hazte de nuevo!
¡Hazte fuerte!

¡Mar, dadle tu luz azul y tu beso salado!
¡Mujer, sport, dadle tus muslos duros!

¡Gañán del siglo XX, dadle tu sana estupidez!
Hombre viejo a los seis lustros.
Hombre de las tristes filosofías
y de la ciencia inútil...

Juega al tenis, al bádminton.
Danza la conga afrocubana.
Bebe gin fizz y mastica chiles.
Échate al swimming pool,
viste camisa sport.

Fuerza, audacia, risa.
Todo eso: y además:
¡estupidez e ignorancia!

¡Modernízate!

—¡Qué bien! ¿Es usted poeta?

—No haga bromas. ¿Ve mis melenas hirsutas? ¿Fumo en pipa? ¿Bebo ajenjo? Así son los poetas.

—Es divertido... ¿usted haciendo versos? ¿Son versos éstos?

—No... son disparates.

—¿Usted haciendo versos mientras los demás hombres juegan, bailan... enamoran?

—¿Enamoran...?

—Sí.

—¿Usted...? Pues parece que no.

—¡Que venga un cóctel a ponernos de acuerdo!

—¡O.K.!

—À votre santé, Madame.

—À la vôtre, Monsieur.

Habían transcurrido seis días del "crucero". Ella leía Lo que el viento se llevó. El "joven moderno" se acercó:

—¿Cómo, Miss Smith...? ¿Tú leyendo?

—¿Por qué no?

—¡Es colosal!

—¡Vaya!

—¡Es fantástico!

—¡Bah!

—¡Es fenomenal!

—¡Cállate, pelele!

—¿Pelele yo? Soy campeón de basket. Mira qué puños, qué piernas...

—Y qué cabeza, muchacho, de puro alcornoque.

—Ah, ¿estás de malas conmigo?

—No, pero déjame leer.

—¿Para qué leer? Eso no tiene importancia en este mundo moderno. Te llenas los sesos de cosas inútiles, divagas, te desorientas, te fastidias, te envenenas la vida, la haces triste y lenta. Y todo... ¿para qué? El mundo es como es y tú no lo cambiarás.

—¿Un discurso?

—Pues sí. Yo no leo. Yo vivo.

—También pensar es vivir.

—Pensar es suicidarse.

—¡Soberbio!

—Bueno, baby. Te compadezco. So long!

—Yo te compadezco a ti, pelele.

El "crucero" llegaba al final. Habían desembarcado en el último de los puertos señalados y pronto principiaría el viaje de retorno. En la ancha playa silenciosa el amor invitaba...

Bajo los rumorosos cocoteros, abrazados, veían las maniobras del zarpe; los marineros soltaban las amarras, daba gritos el capitán, corrían por el muelle los turistas rezagados, la sirena llamaba a bordo.

Vino la noche y el barco, en el horizonte, era como un castillo de luces.

Ella, ágil, jocunda, luminosa y sonriente.

Él, abismático, reflexivo, cerebral.

El supremo abrazo sobre la blanca arena fundió los dos seres. Fusión de la serena alegría y del hondo pensar. Verdadera vida.

DESILUSIÓN

Florencia era una de esas mujeres que obligan a los hombres a hacer el inventario de sus propias fuerzas. Iba por los salones como una magnolia, blanca, suntuosa, sensual; a sus pies caían las flores de la adulación y las hojas secas de la envidia.

Alejandro la amaba con la exaltación de las pasiones fracasadas que, contra el obstáculo, reaccionan con mayor fuerza. Admirada y pretendida, la joven se embriagaba de vanidad, y en la feria de las vanidades mundanas prefería a los pavos reales pomposos y presumidos antes que al pobre estudiante de incierto porvenir y escaso peculio.

Uno de aquellos pavos reales colocó bajo la planta de Florencia su hermoso abanico de oro y seda. Fue grandiosa la boda en el templo suntuario, bajo el arrebato de las luces, el cortejo de damas y caballeros, las notas anunciadoras del epitalamio...

Una honda tristeza envolvió el espíritu de Alejandro con la amargura de las presentidas derrotas definitivas.

Transcurridos algunos años, el azar los volvió a colocar frente a frente, en el gran salón de un casino, abarrotado de personas alegres, optimistas y decidoras que, echando por las ventanas de casa las estrecheces hogareñas y las anticipadas preocupaciones del futuro, hacían todo lo posible por embriagarse de ruido, de olvido y de alcohol, en la tradicional celebración de la milenaria noche de cuyo estrellado seno —los magos y los pastores van hacia Belén— nació un niño en cierto humilde pesebre, bajo el vaho del buey y de la mula.

Por la risa la encontró. Su risa inconfundible que, en aquellas ya alejadas horas de su mocedad estudiantil, pobre y oscura, había tenido resonancias gloriosas, poblando de bellas imágenes y de efímeros transportes su soledad. Lentamente cruzó el salón; compactos grupos de damas, en sorda y enconada lucha de elegancia, y caballeros en trance de aparecer mohínos, feos o apuestos, le cerraban la vía.

Con su habitual manera de filosofar, Alejandro caminaba, mientras su mente se afanaba por dar forma a una difícil teoría sobre aquel abigarrado conjunto. Su sentido irónico pugnaba por captar los pensamientos y las reacciones íntimas de aquellas personas, penetrando más allá de los rostros risueños y de los gestos amables.

Era ese, en el cual deseaba introducirse, un verdadero mundo sellado, quizás subconsciente. Quería él, con maliciosa intención, descubrir el fondo claro de las triviales frases que oía; hacer a un lado la cortina que formaban esas frases, ocultando el interior. O, quizás, muchas eran transparentes, diáfanas. Sí, muchas lo eran, sin duda alguna. Pero otras, otras más, no podían serlo. Eran... frases. Y solo eso.

Hacia la medianoche, el ruido, la alegría producida por los estimulantes, las risas y las voces iban en crescendo. Los hombres —y las mujeres— que se odian, se calumnian o se quieren, celebran, o fingen celebrar, el advenimiento del Niño Dios. El champán derrochaba oro en las copas; los licores llenaban los vasos; el humo oscurecía la brillante luz de los lampadarios; las flores desfallecían en los jarrones, y los camareros, tropezando en las mesas, ponían una nota ridícula, igual que los señores a quienes el duende del alcohol había decidido jugar algunas bromas pesadas.

Incorporado al grupo que la rodeaba desde hacía rato, monopolizando su risa y su fragancia, Alejandro la observaba de muy cerca, sintiéndose dominado pronto por un poder misterioso, una atracción magnética no desconocida. Poco había cambiado. Era el mismo rostro mate y aquella boca grande y sensual. Era el cuerpo tentador, sin abultamientos prematuros. Era Ella, y con Ella su juventud, todavía no lejana, sus sueños de altura, su tristeza de estudiante pobre, su ambición...

El banquero obeso, convertido en el más fiel cortesano de Florencia, lo descubrió por encima de su grueso tabaco y de sus millonarios lentes.

—¡Alejandro! Pero si es usted. ¿Cuándo llegó?

—Señora, tengo el placer de presentarle al doctor Alejandro Vega...

—Florencia...

—A sus pies, señora.

El banquero obeso y la corte volvieron a alborotar. ¡Champán, vino! La orquesta enviaba al vacío de la noche pascual un torbellino de ritmos. La alegría ponía sus efímeras burbujas en la copa de la vida cotidiana.

—Creo haberle conocido ya a usted.

—¿Cree usted, señora?

—Sí, hace unos cinco o seis años... déjeme recordar... ah, sí. Mi enamorado... ¿verdad?

—Uno de sus mil admiradores.

—¿Y qué hace ahora mi poeta?

—Corto apéndices.

—Ja, ja. ¿Cambió la poesía por el bisturí?

—El bisturí da para la vida.

—Y la quita...

—Desgraciadamente no somos magos. Y si la naturaleza...

—No quise molestarlo.

—No me ha molestado en absoluto.

—¿Quiere champán?

—A su salud, señora de Martínez.

—A la suya, doctor Vega.

—¿Quiere bailar un rato?

—La acompaño.

—Y bien... ¿qué es de su vida? ¿Es feliz en su hogar? ¿Cuántos hijos?

—¡Ah! Sus preguntas, las de rigor...

—Soy muy torpe para la conversación de salones; estoy acostumbrado a los lamentos de mis enfermos y a las preguntas de mis alumnos.

—Pues deber aprender…

—Lo haré gustoso. Trataré de decir frivolidades necesarias...

—¿Cree que solamente son frivolidades?

—No del todo. En los salones se ventilan a veces negocios muy importantes; además, sería absurdo que viniésemos a las fiestas exclusivamente a hablar de alta política, de medicina o de arquitectura. Es lógico que se hablen frivolidades. Y, a veces, son muy amables. Ocurre que soy un poco misántropo.

—¿Puedo ayudarle a curar esa misantropía?

—Quizás, pero...

—¿Qué?

—Venga al casino mañana. Nos veremos.

Vega había ido conociendo poco a poco, en los meses transcurridos después del encuentro, el alma de Florencia; penetrando en los recodos de su complicada psicología femenina, de mujer elegante y rica; en los remansos de su vida, donde, a veces, creía encontrar zonas oscuras, como la sombra que proyectan árboles frondosos sobre aguas escondidas. Primero vagos, después concretos, algunos rumores llegaron hasta él. La murmuración, araña diabólica y despreciable, tejía su red en torno de aquella cabeza de medallón antiguo, de camafeo versallesco, y en torno de aquel nombre con resonancia de oda: ¡Florencia!

La mujer aparecía ante sus ojos invariablemente frívola y sensual. Diríase que se esmeraba en dirigir insinuaciones a los hombres; las intenciones y libertades de algunos de ellos eran visibles; por ejemplo: las del banquero obeso y las de un individuo de extraña procedencia, ave de paso cuyo nombre auténtico nadie sabía. Alejandro se sentía bajo la influencia de sentimientos contradictorios. Su línea de conducta, su sinceridad innata, sus hábitos de profesional honrado y metódico, luchaban con la atracción que ejercía sobre su instinto aquella mujer...

Otra noche de rumbosa fiesta volvieron a bailar. La música tropical de la marimba se desvanecía en tangos afrodisíacos. Alejandro la llevaba en sus brazos y sentía que, a cada momento que transcurría, Florencia lo oprimía más fuerte, más fuerte; una ola de sensualidad natural y potente lo estaba ahogando. Su perfume femenino y sus esencias de boudoir lo marcaban; ella le oprimía la espalda con sus brazos desnudos; era indudable que trataba de sofocarlo, de enardecerlo. Y, en el espíritu del hombre confuso, se libraba una recia batalla.

Lo había despreciado, lo vio como a un perro callejero cuando era un pobre diablo, cuando ella ambicionaba riquezas que podía obtener con su belleza. Estaba hastiada de la vida opulenta, pero mísera en su hogar, sin amor, sin hijos, sin pasión; por eso se embriagaba en los casinos; por eso iba con el banquero y el advenedizo en locas orgías; por eso aquellas murmuraciones; por eso aquel frenesí, aquella exaltación con que lo abrazaba.

Y entonces, el hombre sintió que una masculina repulsión, que una náusea viril, lo trastornaban. De su boca contraída, la palabra terrible estaba a punto de saltar. Hizo un gran esfuerzo para contenerla y, en cambio, la palabra condenatoria subió rápida como una saeta a clavarse en su cerebro...

UN TONTO

Por el amplio ventanal veía Luis caer la lluvia de noviembre, fría, cortante, insistente, deshilachándose en finísimos flecos. Ligeros escalofríos hacían vibrar su cuerpo, obligándolo a constreñirse el pecho con los brazos, como si fuera un gato mimado. En su apartamento la atmósfera era tibia, en contraste con la inclemencia que reinaba en la calle, azotada por el viento norte y por la brisa. Una tarde gris, de esas que suscitan en el espíritu la melancólica sonata de las nostalgias...

El Intermezzo de la Caballería Rusticana fluía de la casa radioelectrola. La música de Mascagni penetraba en Luis, confundida con los apagados ruidos callejeros, el monótono gotear de los tejados y aquella sinfonía de voces muertas que, del oscuro fondo del pasado, llegaban desde muy lejos a incorporarse en las emociones del momento.

"Sinfonía de voces muertas", pensaba Luis. "¿Voces muertas? La de mi madre, las de algunos hermanos idos o perdidos por los diferentes caminos del mundo; las voces de las novias pasadas. 'Las novias pasadas son copas vacías. En ellas pusimos... en ellas pusimos... (¿cómo dice este verso?) En ellas pusimos... ah, 'un poco de amor'. Un amor que se va, ¡cuántos se han ido! Pero este es otro poema. Qué bello es ese intermezzo... Las voces muertas: Liliana. Tenía los ojos almendrados. No; así escriben ciertos poetas. Tenía los ojos castaños, la boca grande, la nariz un poco torcida, el cabello abundante. Liliana. ¡Y qué bien ejecutaba ese divino intermezzo! Flora. ¿Qué habrá sido de ella? Después de su fracaso, después de su caída, no la volví a ver. ¡Tan interesante como era, interesante como pocas mujeres! ¿Y María Isabel? Pobre María Isabel, no quiso casarse conmigo porque yo era un bohemio irreductible y nihilista. Tenía entonces veinticinco años. ¡Las locuras que se cometen a los veinticinco años... las locuras que se cometen! Pero es tan hermosa, fuerte, encendida y vibrante la vida cuando se tienen veinticinco años. Veinticinco años con o sin dinero son una maravilla. Voces muertas... Y el loco Daniel que murió de neumonía doble; y Juan Ramón, cuya contabilidad sólo se componía de restas por milagro de los nepentes;

y José, que nos dejó levantando la tapa de aquel magnífico cofre lleno de poesía que era su cabeza...".

Las voces muertas seguían hablando a Luis. Del oscuro fondo del pasado llegaban hasta su presente: la casa maternal, grande, amplísima, con anchos corredores, patios y solares espaciosos donde florecían los jazmines del cabo y los jazmines de parra, y erguían sus redondas copas los naranjos y se ponían blancas las limonarias. Llegaba la casa maternal hablándole de los cuentos de la abuelita y de la tía beatífica, de los aguaceros y de los barcos de papel. Por la tarde, en noviembre, soplaban los fuertes vientos del norte y entonces era grato elevar el barrilete y después, con mucho frío, colarse en la cocina a beber café humeante y devorar rosquillas olanchanas...

En aquellos años, el piano sonaba cadencioso en los iluminados salones y, a su suave arrullo, dormían los niños en los sofás de la sala. Por las calles que iluminaba la luna discurrían los enamorados lentamente y el pueblo se reunía en la plaza para oír la retreta. Los aeroplanos no disputaban a los cometas el privilegio de romper la tela azul del cielo; las carretas marchaban lentamente sin ser apuradas por las estridentes bocinas de los automóviles y el cinematógrafo no hacía competencia al circo, donde la muchachada idolatraba a los payasos.

Voces muertas... ¿Realmente lo están? Si las oigo en mi cerebro, si viven conmigo, si distingo sus diferentes sonidos, si me emocionan, si me enternecen... ¿por qué han de ser "voces muertas"? Bien sé cómo es la voz de mi madre; y bien sé cómo es la de Liliana. Esas voces están vivas. Son el inmenso cortejo invisible que nos acompaña en nuestra marcha por el mundo y que va creciendo con los años; quizás cuando llegue a viejo ya no podré distinguirlas bien y pronto pasaré yo mismo a formar parte de ese cortejo...

Todo muere, todo se transforma, la vida es una perenne renovación. Esta casa mía me habla con las voces muertas de sus pilares coloniales y de sus anchos patios llenos de flores, y me habla también con sus voces vivas mi apartamento moderno. El piano es una voz muerta; la radioelectrola una voz viva; el barrilete rojo y azul que yo elevé hacia las nubes es otra voz muerta y mi automóvil es una voz viva. Yo mismo soy un concierto de voces muertas; todas mis ideas que no cristalizaron, ideas que sólo fueron soplos, larvas; y mis intenciones, proyectos, amores, que sólo fueron larvas. ¡Exacto! ¡Cuántas mujeres he amado sin que ellas supiesen que las amaba!

¡Cuántas veces he sentido estremecerse mi cuerpo, vibrar mis nervios, palpitar violento mi corazón al ver a una mujer que amaba sin que ella lo sospechase siquiera! ¿Y quién me afirma que esa mujer no tuvo —que alguna de esas mujeres— no sintió hacia mí igual pasión secreta? Esos amores insospechados que arden en nuestro fuero íntimo son amores fantasmas...

La lluvia seguía cayendo insistente, monótona, glacial. Luis se separó de la amplia ventana y fue al interior. El frío, la nostalgia —tarde gris en el espíritu— lo invitaban a una copa. Se sirvió un reconfortante jerez y recorrió a pasos lentos su apartamento. Vivía bien, confortablemente, porque su sueldo se lo permitía. En la sala, un ancho canapé y tres pesados sillones ofrecían comodidad para leer, charlar y reposar; la radioelectrola de último modelo amenizaba las horas vacías; muchos bibelots y curiosidades adornaban la habitación. Inmediatos, la biblioteca rica, pero selecta; el comedor y el dormitorio limpio y elegante.

Agotado el jerez, Luis volvió cerca de la radioelectrola a sumergirse en un lago de música y de recuerdos hasta que, rendido de tanta melodía y de las "voces muertas", fue de nuevo a ver cómo caía la lluvia... La calle estaba solitaria, vacía; el "norte" soplaba más fuerte, la brisa fina se había convertido en un aguacero tormentoso. Al otro lado de los empañados cristales del ventanal, borrosa, turbia, triste, se dibujaba una pequeña silueta en el quicio de una puerta. Intrigado, limpió rápidamente los cristales y ante sus ojos apareció una muchacha como pájaro bajo la tormenta.

—Pobrecilla —murmuró, retirándose hacia el interior.

Un minuto después volvía a la ventana, cavilando...

—No debo dejarla entumecerse, pero ¿cómo invitarla a pasar...?

Al cabo de varias vueltas en derredor del apartamento, Luis fue resueltamente hacia la puerta y asomó la cabeza sobre la acera; el viento y el agua le azotaron los cabellos.

—¡Hola... hola! Usted, venga acá, no siga bajo ese aguacero... venga.

La muchacha lo vio, sonrió, vaciló un momento y, en seguida, con tres saltitos de liebre, atravesó la calle y se introdujo al vestíbulo como una racha de lluvia y de viento.

—Gracias, señor.

—De nada... ¿Cómo se llama?

—Emilia.

—¿Qué hacía allí?

—¿Y qué? ¡Pasar el agua!

(Qué estúpida pregunta, qué tonto soy, pensó Luis).

—¿Pasar el agua nada más?

—¿Pero qué piensa que hacía?... Iba a casa, vino el aguacero, no hallé dónde salvarme.

(Dije otra majadería, volvió a pensar Luis).

—¿Dónde vive?

—Bastante retirado de aquí.

—Ajá. ¿Y cómo se las arreglará para llegar a su casa?

—Tendré que hacerlo de cualquier modo.

—Con este tiempo no puede ir.

—Si usted me permite esperar un poco... no lo perturbaré. Aquí me quedo, en la entrada.

Las "voces muertas" abandonaron a Luis definitivamente en aquel momento y reparó en la huésped. No estaba mal. Una muchacha de dieciocho años, delgada, morena, con los cabellos mojados, los pequeños senos dibujándose con persistencia tras el vestido húmedo, la cara de pilluela maliciosa.

—Puede pasar adelante si quiere secar ese vestido y descansar...

—¿Puedo? ¿No es usted casado?

—¡Bah! ¿Casado yo? Soy libre.

—Entonces voy a arreglarme un poco. ¿Por dónde?

—Siga por este corredorcito. Allí puede peinarse... y hay unas batas.

Cuando Emilia volvió a la sala, perdida dentro de una kimona de seda, Luis buscaba afanosamente música popular, arrojando al cesto con mayestático desprecio sus selecciones clásicas.

—Siéntese. Le busco un disco alegre. ¿Le agrada bailar?

—Claro que sí.

—Bien. Aquí va mejor música. Ahora le traeré una copita.

Afuera continuaba lloviendo con intermitencias bruscas o lentas. La tarde se volvía más oscura, las blondas nocturnas caían sobre la ciudad. Dentro, el ambiente era tibio, la música alegre, el vino caliente...

Durante varios días Luis no apareció en el club preferido, que era centro de reunión de una docena de amigos, invariables aficionados al billar y al coctel. Su ausencia fue muy comentada. Había sido solicitado por teléfono, y el teléfono no funcionó. Se envió un mensajero y la puerta, bajo sus golpes, permaneció hermética como la de un castillo feudal.

Al cabo de la semana, Luis hizo su ingreso, de nuevo, al salón de billar.

—Hola, hijo pródigo, ¿has estado enfermo?

—No, gracias, estoy bien.

—¿Qué ha pasado?

—Me ha ocurrido algo raro, algo sorprendente, de lo cual estoy arrepentido. ¡He cometido un crimen!

—Vamos. ¿Qué has hecho? ¿Mataste? ¿Robaste?

—No. He aquí mi caso: Bajo la tormenta de uno de estos días hice entrar a mi apartamento a una muchacha que se libraba del agua en el quicio de una puerta vecina. La pobrecita estaba calada, infundía piedad. No tuve la menor intención proterva. Yo sólo quería salvarla...

—¿Y qué?

—¿Pues qué? Cuando la vi compuesta, limpia, peinada, ¡tan bonita!, dentro de mi kimono... No debí hacerlo, ¡no debí! Quizás he arrojado a una muchacha al abismo.

—¿Es eso lo que te molesta?

—Eso, exactamente.

—¡Bah! No te preocupes; cualquier hombre hubiera hecho lo mismo en iguales circunstancias.

—Pero...

—Eres un tonto. Vamos al billar...

EL ENTIERRO

—¿Ustedes creen en "azoros"?

—No.

—Yo tampoco.

—Eso es absurdo.

—Bueno. Guárdese cada quien su opinión o su prejuicio. Ahora oigan:

—Mi amigo Antonio Gálvez es un hombre entero. No teme batirse con un adversario, frente a frente. No es presa de ataques de nervios durante el peligro. Posee buenos puños y es de alta estatura. Es fornido, vigoroso y está en plena juventud. No creía en los "azoros".

"Mi amigo es poeta. Un poeta auténtico. Un poco hiperestésico. Un tanto neurasténico y misántropo a ratos. En ocasiones, jovial, expansivo, como animal sano. Sabe vibrar, sabe sentir hondamente, sabe emocionarse. Piensa. Medita. Crea.

"Pues bien: una noche, después de leer hasta pasadas las doce, Antonio Gálvez apagó las luces y se tendió en el lecho. Estaba solo. Su joven señora, una bella rubia, había ido de temporada al campo, pocos días antes. Los sirvientes duermen fuera. Solo él estaba en la casa del barrio tranquilo, de estrechas callejas.

"Un potente estremecimiento del lecho despertó a mi amigo. Alguien le había impreso sus manos fuertemente, haciendo vibrar los resortes. En las tinieblas, cara al techo, inmóvil y con el brazo alargado hacia el revólver, Antonio Gálvez esperó tranquilo. Ni un ruido, ni una voz, ningún indicio de humana presencia. Iba ya a cerrar de nuevo los ojos para hundirse en el dulce sueño, cuando, inesperadamente, al volver la cabeza, algo lo dejó frío, sin respiración, sintiendo que una extraña, vertiginosa y potente impresión le paralizaba los miembros, impidiéndole moverse y hablar. Toda su vida fisiológica se concentraba en las pupilas, y las pupilas, desorbitadas por el asombro, veían, veían que allí cerca, a cinco pasos apenas, había alguien o algo: una figura blanca perfectamente dibujada en el fondo tenebroso; perfectamente dibujada, excepto el rostro, que no ofrecía exactamente las líneas escuetas de una calavera, pero cuyos rasgos eran imprecisos, lo que aumentaba el horror.

"La figura era grácil, esbelta, de mujer. La rodeaba cierta luminosidad, cierta inefable transparencia. Y permanecía allí, a cinco pasos de mi petrificado amigo, en la alcoba; de mi petrificado amigo, solo e inerte ante el misterio.

"Transcurridos dos, cuatro, seis —¡sabe Dios cuántos segundos mortales!—, haciendo un supremo esfuerzo sobre sus miembros paralizados por el asombro o el terror —¡no lograba articular una palabra, no podía mover un brazo ni una pierna; estaba bajo la formidable presión de una mano implacable!—, Antonio Gálvez —hombre cabal— pudo reaccionar y alcanzó el botón de la luz eléctrica. ¡Nada vieron sus ojos! El cuarto, como de costumbre, todo en orden y cerradas las puertas. La alteración causada por la violenta impresión le duraba aún y el resto de la noche lo pasó en vela, con las luces encendidas".

—Gracias, amigo Manuel, por el relato. Se ve que usted ha leído a Poe. ¡Ligeia! Todavía en estos años de materialismo histórico vive el dulce fantasma de Ligeia. Pero ya no es posible. Todos los "azoros" de la ciudad, que veíamos cuando éramos niños, o que nos hacían ver: carretas corriendo solas por las oscuras calles, sacerdotes descabezados, gigantes, brujas, chulas sucias, duendes, todos huyeron al instalarse la luz eléctrica. Ya nota usted que hasta la moderna Ligeia de su amigo se esfumó ante ella.

—Yo no opino nada. También soy incrédulo. Jamás me han "azorado". Y he vivido en casas de mucha fama espectral. Pero Antonio Gálvez tampoco creía...

—Usted ha dicho que es hiperestésico. ¡Vaya! ¡Un poeta!

—Quizás. A mí no me agrada afirmar o negar rotundamente aquello que no me consta. Muchas veces —Antonio Gálvez me lo ha referido intensamente preocupado— su joven señora le había dicho: "En esta casa se oyen ruidos extraños. No me los puedo explicar. Pasan de noche". Y también me han contado que a la muchacha de adentro la "azoraron". Estaba en la azotea recogiendo ropa y vio algo... algo que no pudo describir por su miedo y su simpleza. Pero llegó a presencia de mi amigo toda trémula. Los gatos suelen hacer travesuras en los tejados y en los "tabancos"; también las ratas y algunas otras alimañas, que prefieren las casas no muy nuevas. Son las que les agradan. Y también a los espíritus...

—Dicen que hay "espíritus burlones", como aquel que cita en sus versos Emilio Carrere...

—Exacto. Y también hay "espíritus empujadores", "espíritus húmedos", tristes, alegres, bulliciosos... ¡Ja, ja, ja!

Antonio Gálvez no refirió lo ocurrido a su señora —¡era demasiado joven e ingenua para inquietarla!—, pero prudentemente buscó otra casa. El pretexto para su mujer lo dio, bien justificado, el propio dueño, un opulento rentista que había ordenado una reparación o reconstrucción de sus numerosos inmuebles. El matrimonio Gálvez se trasladó a otro apartamento, y el marido, aunque se estremecía cada vez que venía a su mente el no grato recuerdo del "azoro", se cuidó muy bien de afligir a su mujer con algo que la generalidad llama "cuentos de viejas" o "cuentos de caminos", pero que él estaba muy seguro de que no era así.

Un gran grupo de obreros —maestros albañiles, oficiales y mozos— se apoderó de la anterior vivienda del matrimonio Gálvez. La estrecha calle del barrio tranquilo vibró conmovida por mil ruidos. Piochas, picos, barrenos, palas, todos los instrumentos de demolición cumplían su cometido. Levantando nubes de polvo que ahogaban a los transeúntes, se desplomaban las paredes.

En el barrio se comentaba:

—Don Nicanor edifica otra casa.

—¡No hay como tener "pisto"!

—¿Y cuántas tiene ya?

—Dicen que veinte.

—Y es duro con los inquilinos.

—Pues en verdad lo es.

Seguían volando lengua las comadres chismosas, protestaban por el polvo los transeúntes, y los operarios, a las órdenes del humilde maestro Damián, seguían inmutables, alegres, entre canciones, juramentos y silbidos, su tarea de demoler para construir más tarde.

Una nube de chicos escandalosos estrujaba con su griterío inmisericorde a todo el barrio. Corrían, saltaban, empujaban, dando al traste con todo prójimo que osara cerrarles el paso; se unió a los chicos el nada menos ruidoso corro de las comadres y el murmullo de los discretos comentarios de las damas de alcurnia, cuyo linaje vive escondido en viejos armarios carcomidos por el tiempo y el desgaste, en una casa de familia "pudiente" venida a menos.

Una abigarrada muchedumbre puso sitio a la ya derruida ex mansión de alquiler del matrimonio Gálvez. Del griterío que agitaba el oleaje humano emergían estas voces:

—¡Un entierro... un entierro... han hallado un entierro!

—¡Son dos botijas!

—¡Son seis!

—¡No, que son ocho!

—¡Pues yo solo vi una!

—¡Pero grande... como un barril!

—¡No son botijas... son cajones!

—¿Cuántos?

—¡Cuatro cajones bien repletos de barras de oro!

—¡Lingotes!

—¡Y también hay pesos fuertes, "bambas" y saquitos con oro en polvo!

—¡Qué barbaridad!

El coro de chiquillos, de comadres y de damas linajudas volvió a repetir:

—¡Un entierro!

Nadie, o quizás muy pocos, tal vez solo el oficial de albañilería, el adobero o aquel "cipote" que tiene el maestro Damián, un "moto" recogido por él, supieron realmente en qué consistía aquello que provocaba los comentarios del barrio. Después de una semana, la normalidad volvió a enseñorearse de las calles tranquilas, y apenas de tarde en tarde alguna señorita linfática, de polvorientos e inútiles pergaminos, soñando con el marido que nunca llegaba, exclamaba con un suspiro:

—¡Un entierro!

Don Nicanor: sesenta años, trescientos mil pesos, doscientas libras, arterioesclerosis, dos hijas en los Estados Unidos, Packard modelo 1940. Don Nicanor, rojo de ira, congestionado el rostro, increpaba al maestro Damián:

—¡Pero, Damián! Después de lo que te he ayudado; de cómo te he querido; de tantos años de conocernos, ¿te acuerdas cuando eras "media cuchara"? Después de todo eso, teniendo mi absoluta confianza, sin motivos ni razones, ¡me dejas plantado! ¿A quién voy a escoger para sustituirte? Los ingenieros son muy "careros". Y ya no nos quedan artesanos honrados, sin vicios, como tú...

—Lo siento, don Nicanor. Usted siempre me prefirió en los trabajos. Usted es muy amable. No me quejo. Pero me retiro, estoy enfermo. Dicen que tengo hernia. Ya no aguanto ni la "plomada". ¡Ah, mis tiempos! ¡Ah, nuestros tiempos cuando usted era "dependiente" y yo ayudante de albañil! Pero ahora ya no sigo. Tengo mis ahorritos.

—Bueno, hombre. Haz tu gusto: descansa.

Mientras el maestro Damián descendía las suntuosas escalinatas, don Nicanor, arrellanándose en su sillón, encendía un gran puro de tabaco hondureño, de Copán, y lanzaba al espacio un formidable:

—Hummm... ¡este Damián!

Los bobalicones de la ciudad abrieron tamaños ojos cuando paró frente al Hotel Palace un flamante Packard modelo 1940. Un señor bajo, rechoncho, cetrino, trajeado de negra levita y botines de charol, y una dama tímida, que hablaba a media voz, penetraron por el portal. Nadie los conocía. ¿Quién era aquel potentado? No era don Nicanor, ni don Timoteo, ni don Jeremías... ¿Quién, pues?

Apoplético, casi paralítico, don César, el oráculo de la ciudad, sentenció en una tertulia de viejos reunidos para recoger sabiduría:

—Es Damián.

Y todos comentaron:

—El entierro.

Cuando supo la noticia Antonio Gálvez, auténtico poeta de sonoros hexámetros y dulces madrigales, un poco neurasténico, un tanto misántropo, exclamó suavemente, para que no lo oyera su mujer, a quien temía dar una mala impresión:

—El "azoro".

JETTATURA

Era Wilfredo Arévalo primer secretario de una Embajada en París. En ninguna época había estado más satisfecho de la vida. Habitaba un apartamento frente al Champ de Mars. Todas las mañanas saludaba con una buena sonrisa a la Torre Eiffel y le correspondían piando los alegres pajarillos que poblaban las alamedas.

Gozando de sus vacaciones de primavera, aprovechó todo el mes de mayo para conocer España. Después de Francia, este era el país que más le interesaba, por razones sentimentales, en la civilizada Europa. Dejó atrás a la griega Magdalena, cómodamente instalado en el asiento de un autobús de turistas, en abigarrada compañía con ingleses, franceses, suecos, rusos y holandeses. Dejó atrás a la griega Magdalena y se lanzó a devorar lejanías...

Pasó el autobús con su carga internacional o cosmopolita por el pintoresco puerto-balneario de San Sebastián. Ascendió montañas, cruzó llanuras, despertó de sueños milenarios a los moradores de aldehuelas y de ventas. En Burgos, Wilfredo vio la catedral; en Madrid, los toros y el Prado; en Toledo, las cuevas y los pellejos; en El Escorial, la tumba de Carlos V y, en la montaña de Guadarrama, la nieve. Era la primera vez, y la nieve en capullo le hizo alegrar el corazón como un niño.

Siguieron la ruta de Andalucía. Llegaron a Córdoba. Córdoba es blanca y alegre. La recordaba con emoción, a pesar de que de allí databa su infortunio.

Además de las catedrales, hay mucho que ver en España, si uno se interesa. Los turistas se marchaban al hotel de "Inglaterra" o al "Palace", cuando no encontraban fuera té de Ceilán o whisky and soda. Pero, beber whisky and soda o té de cualquier nacionalidad, Wilfredo prefería quedarse en casa. Pero los turistas así son en todas partes. Andan llevando el paisaje en la "Guía" y, si no resulta como ellos piensan, se enfadan. En la plaza de toros de Madrid, lidiando Domingo Ortega, hijo mimado de las glorias taurinas, los turistas lo dejaron solo cuando cayó el primer Miura. Huyeron bajo la rechifla cubriéndose los ojos. En sus imaginaciones nórdicas y sajonas, los compañeros de viaje de Wilfredo Arévalo habían colocado ya a su manera el óleo de los toros, con la idea de que la sangre no es de verdad. Al ver el rojo líquido abriendo caminos de amapolas en la arena, en la tarde bravamente española, los turistas lo abandonaron. Él vio morir los seis Miuras. Gustó de la corrida en todo su color. Y la fiesta le pareció bárbara, pero hermosa.

Esto ya es pasado, pues estamos en Córdoba. En Córdoba hay gitanos. No los que Wilfredo —aquí paga por los turistas— había dibujado en su memoria creyendo en las mentiras de don Pedro de Alarcón. Encontró gitanos sucios, sin personalidad, pordioseros.

En el mundo es conocido el "sombrero cordobés". En un pequeño bazar escondido en la ciudad vieja, colocados graciosamente en el escaparate, para sebo de turistas—y con especialidad de turistas sentimentales, curiosos y españolizantes—estaban unos preciosos sombreros cordobeses en miniatura. Wilfredo los veía con júbilo, en tanto le iba poseyendo la fiebre de la romántica España de la tizona y del cambergo, del clavel andaluz y del trabuco naranjero. ¡Qué bella España! En esos sueños mecíase su imaginación, ya con la calentura sentimental, cuando a su lado sonó una voz:

—Por Dios, seño. Una gorda!

Despertó sobresaltado. Y sin duda en el disgusto que le causara tamaña imprudencia, ya que por naturaleza es compasivo, contestó:

—¡No tengo!

Insistió el hombre, más sumisamente, acercándose bastante a él.

—Una perra chica, señor.

Los sombreros cordobeses, los abencerrajes, Álvaro de Luna, los niños de Écija, otra vez los sombreros cordobeses, Juan Palomo, la catedral de Burgos y hasta don Quijote y Sancho danzaban con frenesí ante sus ojos y en el pulso acelerado y en el ritmo, a golpes, del corazón. Tenía el hombre cerca. Volvióse y le gritó furioso:

—No quiero darte… no quiero. ¡Vete!

Esta no fue culpa del tiempo, sino de España.

Vio sus ojos, ¡sus ojos negros como la envidia!, brillar cual dos ascuas en medio de sus harapos, bajo el ancho sombrero. Oyó algunas palabras. Naturalmente, comprendió que lo injuriaba. Pero no se le ocurrió golpearlo. ¡Tanto mejor, porque el mendigo era más alto y grueso! Tornó el gitano a verlo fijamente, masculló algo en su dialecto, hizo gestos, escupió, caló el chambergo, "fuese y no hubo nada".

Entonces Wilfredo cayó en cuenta de que le había lanzado una maldición. Como no era supersticioso, riendo del gitano y acariciando el sombrerito cordobés que había comprado en el bazar, por la calle estrecha y oscura, abigarrada de manolas y chulos, retornó al hotel de "Inglaterra".

Vio la Giralda. Tomó vino de Domecq, gratis. Eso tienen de malo los españoles: son muy hospitalarios. ¡De ahí provienen sus desgracias! No pudo ver las lágrimas de Boabdil, aunque estuvo en Granada, porque la roja tierra las bebió ha siglos. Ahora está bebiendo sangre, para no volverse clorótica.

Calentó un lecho en Ronda, Murcia, Valencia, ¡los naranjos y el sol! Barcelona… Calentó un lecho del hotel de "Inglaterra", ¡siempre el mismo!, hasta llegar a Perpiñán, correr por la Provenza y el Languedoc y despertar de su sueño —duerme a caballo— a la Doncella de Orleans para que le abriese las puertas de París.

Traía el sombrerito cordobés, reliquia de España —no pudo traer la Alhambra ni el Guadarrama— traía el sombrerito cordobés como reliquia de España. ¿Y el gitano y los ojos? ¡Olvídalos! No era supersticioso.

Se fue mayo. Entró junio. Pasó también… como todo. Igual que siempre, desde los días de Gregorio, siguió julio en la lista. ¡Y con julio, lo inesperado! El prematuro retorno a la tierra natal.

¡Adiós ideales, adiós proyectos! El golpe fue rudo. ¡Adiós Champ de Mars y Champs Élysées… Tour Eiffel y Notre Dame… adiós Quartier Latin y Montparnasse! El golpe para Wilfredo fue rudo, pero al mal tiempo buena cara, y si veloz fue para ir el "Normandie", empujado por su inquietud, también lo era, para regresar, el "Champlain", frenado por su desilusión.

Volvió a su país. Dio un gran abrazo a su ciudad. La ama mucho: así pequeñita y humilde. Lo humilde y lo pequeño ocultan con frecuencia la verdadera grandeza. En el recuerdo ganaban lejanía París y su encanto… España y su dolor. Arregló sus cosas queridas: no colecciona sellos ni condecoraciones, ni mariposas; pero sí guarda, a veces con delicado amor, cuadros, libros, sombreritos cordobeses. ¡Otro desengaño! Había desaparecido el que compró en la calle oscura abigarrada de manolas y de chulos.

Desempeñaba Wilfredo una colocación industrial anónima, cerca de grandes señores. Una mueca del azar mostró a uno de ellos el inevitable camino del retiro. El azar hízole otra mueca y, en gracia con él, Wilfredo ascendió unos peldaños. Él sabe bien que las alturas no lo marean. Ha llegado al tope de la Torre Eiffel. Ha visto a Nueva York crepitando a sus pies, desde la eminencia del Empire State. Ascendió montañas. Se asomó a los abismos. No es accesible al vértigo.

Pero los ojos del gitano están ahora fijos ante los suyos. Fijos, inmóviles, terroríficos… Recuerda las palabras que estrujaba con los furiosos dientes, quizá en la rabia homicida que da el hambre… sus ojos. ¡Jettatura!

¡Y Wilfredo Arévalo se casó!

Ahora es muy supersticioso. Para dominar este hechizo me narró el caso, porque, después de lo ocurrido… ¡es muy supersticioso!

EL PRIMER AMOR

—Si yo le dijese que la amo. Que estoy locamente enamorado de usted.

La risa fresca y musical de Elsenora apagó el sonido de las últimas palabras. Era en una fiesta regia, durante un corto intervalo en que los cuerpos se serenaban para seguir con nuevos ímpetus en el frenesí del baile. La orquesta ejecutaba un vals antiguo, de esos dulces valses que nos llenan el alma con la nostalgia del viejo hogar perdido: el hogar de la niñez. Mientras duraba la ejecución de aquella música sentimental, las parejas dejaron el salón, para refrescarse, para ver la noche, quizá para soñar.

—Si yo le dijese que la amo... —repitió Mario cuando el rumor de la risa argentina se extinguió.

—Pensaría que usted se burla... que quiere hacer el rato conmigo —y la mujer reía, con toda la soltura, con toda la picardía, con todo el gracejo de sus veinticinco años gárrulos.

—No esperaba otra respuesta, Elsenora. Yo no la amo; creo que amarla ahora ya no está en mí. Ni usted...correspondería tampoco... Y, sin embargo, en un tiempo la amé, colocando en mi pasión el fervor de los ritos, el encanto de los sueños magníficos, la fiebre extraña de esos sentimientos que se convierten en el imperativo de la vida; en la estrella polar fija y ardiente sobre la existencia...

—¿Romántico?... Mario.

—Escúcheme. Lo que le voy a decir es tan cierto como que ese amor se extinguió.

—Lástima, Mario... Ojalá durase...

—No, Elsenora. Ya no es posible que viva ese amor. Estaba sujeto a la ley de la muerte y del olvido. Pero hubo una época en que brilló tanto como el sol. Escúcheme, Elsenora... Usted no lo supo nunca; no lo supo jamás hasta hoy. Usted tenía entonces trece años y yo también. En la casa de sus abuelos, en la vieja casa solariega que tan íntimamente vive en mis recuerdos; bajo los árboles frondosos enguirnaldados de flores y de nidos, la vi la primera vez. Y después, durante un año, continué viéndola todos los días... amándola en silencio, adorándola. Años más tarde esa llama ardiente aún iluminaba con fulgores lejanos la selva lujuriosa de mi juventud. Hasta que poco a poco fue extinguiéndose...

Visiblemente emocionada, sorprendida, encantada, oía la mujer las revelaciones de su amigo. En los años que llevaba de conocerlo nunca lo había visto tan interesante como en esa noche. Lo recordaba cuando era un colegial tímido y silencioso y más tarde, ya hombre, siempre fue reservado; a pesar de su buena amistad, jamás llegó a la confianza suprema de las confidencias. Y ahora, quizás un poco afiebrado con los licores, la música y la noche, en cuyo seno surgía espontáneamente el ensueño, le hablaba tan bien que iba subyugándola, iba sumergiéndose, con la voluntad perdida, en las aguas encantadas de esa cisterna misteriosa que llaman amor.

—Sí, Elsenora... de niños jugábamos bajo los árboles corpulentos que sombreaban el patio de la casona solariega; corríamos por la campiña verde y húmeda; subíamos a los naranjos blancos de azahares; íbamos de las manos persiguiendo las mariposas y los gorriones; bebíamos chocolate en la misma mesa, con la abuelita buena, aquella abuelita suya que era como una gran dama surgida de una suntuosa descripción valleinclanesca, semejante a las matronas que exornan las medallas antiguas, con su larga cabellera fragante y colorida en un tiempo; sus mejillas ligeramente pálidas, su porte digno, su cofia blanca y su charla ingeniosa; y el abuelito, que a mí se me antojaba igual a uno de esos campesinos vascos o flamencos, fuerte como un mozo robusto, a pesar de sus luengos años, austero y patriarcal. Era un cuadro de belleza antigua, de virtud serena y de juventud riente. Usted estaba en el centro, como una de esas mujeres de los más bellos poemas de Goethe...

Ella escuchaba absorta. Jamás hubiese creído que aquel muchacho serio fuese capaz de hablar de semejante manera. Jamás había sorprendido ella la veta riquísima de sentimentalismo y de pasión que ocultaba él bajo su apariencia indiferente. En el lenguaje usual del trato cotidiano es difícil que se transparenten sinceramente nuestros bellos aspectos interiores; y se necesita un momento de fiebre, circunstancias excepcionales o el influjo de los nepentes para que esas aristas de nuestro yo íntimo y secreto aparezcan, deslumbradoras, a los ojos extraños.

—La impaciencia que me acometía en las horas de la espera, cuando estaba lejos de usted, desesperado por el momento de llegar a su lado; la desolación de mis primeros días de orfandad, en donde brillaban constantemente sus pupilas como dos estrellas serenas; los delirios de mis noches pobladas de remembranzas, henchidas con la milagrería de aquel amor; el incendio de la pasión creciendo cada vez más en mi espíritu, alimentado con todo el combustible que yo mismo arrojaba en él: libros sentimentales, novelas, versos... Víctor Hugo, Isaacs, Lamartine; las cartas que usted no había de leer nunca; las cartas que yo escribía, trémulo de ansiedad y que han vivido largos años en mi escritorio; mi diario íntimo, donde anotaba los sucesos ocurridos durante el día, mientras estaba a su lado y la gloria de ese amanecer de la juventud, bajo el cielo violeta del crepúsculo, viendo desde la casa solariega cómo se encendían las luces de la ciudad y oyendo extinguirse los ruidos cotidianos.

—Nunca supo usted nada de este amor. Tenía, hace algún tiempo, la creencia firme de que usted había comprendido... Por lo que me ha dicho últimamente, pienso que no. Después de la belleza de aquella edad, vinieron otras épocas, nos separó el destino; no nos veíamos con la frecuencia de antes; poco a poco un mundo de seres y de cosas se interpuso entre nosotros y nuestro... ¿qué digo? Mi amor quedó allá lejos, en las brumas de los últimos días de la niñez.

—Dos años más tarde el primer amor aún doraba mi vida con sus reflejos y le escribí. Usted no leyó la carta... no la recibió porque no sabía de dónde procedía. Y, con el tiempo, alrededor de esa gran pasión, se hizo el silencio y el olvido.

Calló Mario y sus miradas se perdieron en las constelaciones lejanas.

Fijó ella sus ojos en el joven y diríase que en el fondo de aquellas pupilas había una luz extraña, una luz que quería decir cosas extrañas también; quizás de hondo desconsuelo, de arrepentimiento por una culpa que no era de ellos, sino del destino; de levísimo rencor hacia el hombre que no supo decirle, gritarle alto, embriagarla con su pasión, como la embriagaba ahora evocándola. Y anhelante, como deseando borrar con su gesto los años que se habían interpuesto entre los dos; en un anhelo secreto y angustioso de tornar a los días luminosos en que ella era colegiala y él niño, exclamó:

—¿Y ahora... ahora, Mario?

La miró hondamente. Toda su adolescencia, toda su juventud reflejábase en los ojos profundos de la mujer; en el agua serena de aquellas pupilas veía él las imágenes de los años lejanos; el dulce hogar suyo, desierto ya, su madre, su padre, sus hermanos mayores, muertos todos; la casa solariega donde vivían los abuelos de ella, reformada y desconocida, en poder de extraños... tantas cosas muertas en sus corazones. La contempló largamente y ella misma —¡qué cambiada!— era otra, no era su muchachilla de trece años, delgada y trigueña; el mundo, el tiempo, la vida la habían transformado, sólo eran fieles los ojos profundos, los dientes blancos y aquel gárrulo reír.

—No, Elsa. No. Ahora es tarde. Ya no la sabría amar. Mi corazón también es otro. Es tarde... demasiado tarde.

Y ambos guardaron silencio. Ambos pensaban en lo mismo. ¿Por qué no hizo él gritar su corazón cuando la amaba? ¿Por qué lo dejó consumirse lentamente en silencio, como un triste cirio en un templo vacío? No se debe amar así. No. No se debe amar así. No debemos dejar que el corazón se consuma como un triste cirio en la soledad del vacío templo. Hagámoslo gritar; pongámoslo en alto como una antorcha; que irradie semejante a un sol ante los ojos del mundo.

Y cuando se dirigían nuevamente al salón, exclamó Mario:

—Es demasiado tarde, Elsenora. Demasiado tarde. Vivirá desde hoy sobre nosotros —ya que usted sabe también este secreto que durante muchos años fue mío, sólo mío— la sombra del amor no realizado, del amor que fue sueño e ilusión... del primer amor.

www.ingramcontent.com/pod-product-compliance
Lightning Source LLC
Chambersburg PA
CBHW020154310726
48970CB00006B/2140